울더라도 그 안으로 들어가야 한다

예쁘게 기쁘게 바쁘게 인생을 바꾼 은혜
울더라도 그 안으로 들어가야 한다

초판 1쇄 인쇄 2021년 06월 05일
초판 1쇄 발행 2021년 06월 15일

지은이 MJ KIM
펴낸이 백도연
펴낸곳 도서출판 세움과비움

신고번호 재2012-000230호
주 소 서울 마포구 양화로길 73 체리스빌딩 6층
Tel. 070-8862-5683
Fax. 02-6442-0423
E.mail seumbium@naver.com

ISBN 978-89-98090-37-1

값 13,200원

예쁘게 기쁘게 바쁘게 인생을 바꾼 은혜

울더라도 그 안으로 들어가야 한다

세움과 비움
Seum&Bium

Contents

서문 · 08

Chapter1
나의 나 된 것은 하나님의 은혜라

아스레 당신이시여! · 12
날아간 설날을 통하여 · 13
나를 발견하는 여행 · 14
僴을 찾아온 이길을 따라 · 15
심비의 성경 · 16
근원의 물댄동산을 향하여 · 18
강력의 힘으로 · 20
십자가의 능력 · 22
꺼진 불도 다시 한번 · 23
알 수 없는 당신이여 · 26
할렐루야 · 28
가족구원을 위한 임상실험 · 29
시편은 나의 복 · 31
약밥 한 덩이의 복 · 32
측량할 수 없는 그리스도의 풍성 · 34
어둠의 골짜기를 지나 · 36
복음은 · 39
그냥 좋아요 · 42
이것이 뭐야? · 44
전쟁 역사 속에서 · 45
지혜자와 어리석은 자 · 47

해의 부활체 I · 49
행복한 사람 · 50
나도 사람 멘토가 생겼네 · 51
하나님의 형상과 모양 · 53
슬픔과 기쁨의 자화상 · 55
오메가 시대 속의 알파 증거 시작 · 57
영혼의 교제 · 59
당신의 피리 · 61
내 영혼의 창조자 · 62
차라리 지금이 좋다 · 64
첫사랑 회복 · 66
부활 생명체 · 68
책 성경과 심비 성경 · 70
눈물만이 · 73
기적중에 기적 · 74
두 날개 · 76
영적 전쟁을 위하여 살자 · 78
내 아버지는 빛이시라 · 80
양귀비 꽃 · 82
활동할 영역을 찾자 · 83
예배합니다 · 84

하늘 마음의 편지를 · 86
찬송합니다 · 88
너희와 저희 · 90
난초가 되어보다 · 92
오히려 감사할 일이었네 · 93
알파 시대와 오메가 시대 · 94
삼위일체 내가 되어지기까지 · 96
천둥벼락 · 99
결심 · 100
새로운 배움 · 102
욕심없음도 복이되네 · 104
정(파데마신)의 test · 105

내가 살아있는 날까지... · 106
헛살지 않았네 · 108
참예자들 · 110
구도자의 경건한 삶이란 · 112
새 일을 위한 준비과정 · 113
맛있는 "깍두기"처럼 하나님 백성들이
   연합되어야 할 이유 · 116
우리들의 그 양식 · 119
우리들의 나라는! · 120
생각과 말이 먹거리라! · 121
산속 옹달샘 · 123

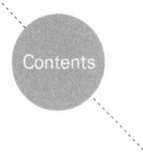

Contents

Chapter2
내가 사랑하고 원하는 나라

기러기들처럼 · 126
쌍두마차 사이에 · 128
구원하소서 · 129
축복하소서 · 131
전쟁 무기? · 134
하신 말씀과 이루신 말씀 · 136
복음의 비밀 · 138
깃털을 고르게 하라 · 140
쌀 나무 한그루 · 141
회복을 위한 환란 · 143
내 소원 이루어 주시옵소서! · 144
복음에 빚진 삶 · 146
하나님은 늘 살아계시다 · 149
새로운 둥지 · 150
결심해 본다 · 151
기도합니다 · 153
선지자들의 예언과 복음의
 계시 차이점 · 155
복음만이 백신이다 · 157
바라보라 · 159
태양속으로 · 160

참새의 첫말 · 163
진실은 살아 있다 · 165
자유가 아니면 죽음을 · 167
감사 찬송합니다 · 169
디아스포라들 · 171
응원합니다 · 174
코로나 심판 · 176
내 속에 분노를 보다 · 178
더이상 괴롭히지 마라 · 180
애국자의 어머니를 생각해 본다 · 182
빛의 나라는 꿈이런가 · 184
불 밝히소서 · 185
세계전쟁 중이네 · 186
낙서가 주는 가치 · 188
더 나은 부활을 위하여 · 190
이 세상은 무섭다 · 192
지옥같은 현실 · 194
이겼습니다 · 195
참과 거짓의 분리 · 197
불장난하는 아이들 같아서 · 199
속히 오리니 · 201

그리스도의 이김 · 203
이런 세상을 기다리며 · 205
세상 모든 것에 감사 · 207
새 예루살렘 성안에서의 할 일을
  찾았네 · 210
가장 아름다운 눈물 · 211
이김의 복 · 212
수고하셨습니다 · 214
세계 기네스북으로... · 216
잠시 휴식을 · 218
주장과 책임 · 220
행복의 나라 · 221
질서의 세계 · 223
완성의 때를 바라보자 · 225

코로나도 일꾼이라 · 227
나는 기독교를 사랑한다 · 229
다시 태어났습니다 · 231
나라가 받혀질 때까지 · 233
복음의 수출국 · 235
징조와 모형 · 237
말하고 싶어요 · 239
되어질 나라를 향하여 · 241
나비의 꿈에서 깨어나다 · 243
상태속으로(창세기 1장 2~3절) · 244
경고하심 · 246
묻는자들이 있다면 · 248
"빛의 나라로" · 250

이리도 꽃이 이쁘게 지고, 다시 기쁘게 피어나고..

더이상 꽃을 피우지 못할 줄 알았다. 이제는 제대로 지는 법을 깨달으며 끝까지 웃으며 지고자 했건만 다시 이리 아름답게 꽃이 피어날 줄 몰랐다.

이렇게 다시 기쁘게 꽃이 피어나지 않을 거란 생각이 바로 사람이 하는 생각이란 것을 다시 한번 깨닫는다. 그리고 하나님의 생각은 우리와 달라서. 일하심도. 계획하심도 우리는 알 수 없고 우리는 크로노스와 카이로스의 시간과 공간 속에 유한한 삶을 살고 있지만, 그분은 시공을 초월한 상태로 영원히 살아계시다는 사실에 감탄하며, 그분이 영원히 내 안에 들어와 예쁘고 기쁘게 꽃을 다시 피웠다는 사실에 감사가 그칠 줄 모르게 된다.

인생은 정해진 길을 가는 것, 인생의 종착역에 다다랐음에도 불구하고 다시 씨를 뿌리고 꽃을 피울 수 있음에 감사한다. 사람들이여, 인생이 이제 가장 나약한 시간에 다다를 때. 그 시간이 하나님이 날 위해 일하시는 시간임을 확신해야 하리라. 그리고 울더라도 그 안에 반드시 들어가야 기쁘게, 예쁘게, 그리고 바쁘게 다시 꽃을 피우는 인생이 펼쳐지는 은혜의 시간이 될 것이다. 할렐루야.

다시 피는 꽃들을 감사하며 그분께 영광을

M.J .KIM

시편 1편

1. 복 있는 사람은 악인들의 꾀를 따르지 아니하며 죄인들의 길에 서지
   아니하며 오만한 자들의 자리에 앉지 아니하고
2. 오직 여호와의 율법을 즐거워하여 그의 율법을 주야로 묵상하는도다
3. 그는 시냇가에 심은 나무가 철을 따라 열매를 맺으며 그 잎사귀가 마
   르지 아니함 같으니 그가 하는 모든 일이 다 형통하리로다
4. 악인들은 그렇지 아니함이여 오직 바람에 나는 겨와 같도다
5. 그러므로 악인들은 심판을 견디지 못하며 죄인들이 의인들의 모임에
   들지 못하리로다
6. 무릇 의인들의 길은 여호와께서 인정하시나 악인들의 길은 망하리로다

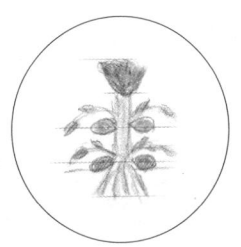  

Chapter 1

나의 나 된 것은 하나님의 은혜라

아스레 당신이시여!
날아간 설날을 통하여
나를 발견하는 여행
僪을 찾아온 아길을 따라
심비의 성경
근원의 몰댄동산을 향하여
강력의 힘으로
십자가의 능력
꺼진 불도 다시 한번
알 수 없는 당신이여
할렐루아
가족구원을 위한 임상실험
시편은 나의 복
약법 한 명이의복
측량할 수 없는 그리스도의 풍성
어둠의 끝짜기를 지나
복음은
그냥 좋아요
이것이 뭐야?
전량 역사 속에서
되찬 지와 어려석은자
659의 부활계 1
벡투란 사람

아스레 당신이시여!...

　수십억 광년을 달리고 달려와 어쩌다 갈 곳 없어 짐승들과 미물만이 우글대고 있는 이 무법과 무명의 나라에 찾아오셨나요.

　그대를 만난 후 갈 곳 없어지고, 날이 갈수록 살아남기 위하여 떠나고 피하며 올라온 마지막 이곳. 이제 바위 꼭대기에 올라 나 홀로 남아 마지막 숨을 쉬고 있는 무지한 여인의 모습입니다.

　그러나 당신은 이 새벽에도 어김없이 구원자로 찾아와 주셨습니다. 당신, "아스레 님이시여"

　만복과 유명의 나라에서 살고 계시는 왕자님께서 아스레 빛으로 찾아오사 하나님의 창조의 근본의 나라 "베레쉬트 바라"의 세상 그 안으로 하르파죠 하게 하시오니 행복합니다

날아간 설날을 통하여

세상이 뒤집힌 것 같다. 사방으로 바람이 불어와 무너지고 부서지고 깨어지는 듯한 시끄럽고 혼란스러운 세상을 사는 것 같다. 오늘은 음력 명절인 설날이다. 75번이나 맞이했던 설날들이 한순간에 다 어디론가 사라졌다. 76번째 명절이 코로나 방역으로 인해 구멍이 19개인 검은 연탄이 다 타서 하얀 재가 되듯이 한국의 고유 명절이 이렇게 되어버린 느낌이다.

앞으로는 절기 문화에 많은 변화가 찾아올 것이다. 저녁때가 되니까 그리움이 찾아와 내 귀가 창문 너머로 자꾸만 향한다. 자동차들의 문 닫는 소리에 "아들이 왔나! 하고 숨을 죽이곤 하는 그 모습을 보면서 그들을 절대로 내가 오지 못하게 했으면서도 왜 그러했는지 이러고 있는 자신이 이해되지 않았었다.

시간이 지날수록 그리움이 깊어가는 것을 느끼면서 숨기고 싶지는 않았다. 그래서 방으로 들어와 내 마음을 도적질해 가려는 거짓을 잡아내려고 작은 아들에게 전화하여 내 마음의 그리움을 털어냈다. 그리하는 순간에 인간의 그리움은 사라지고 방향을 바꾸어 하나님 사랑 안으로 머리를 돌리어 창세기와 계시록에 계시 된 하나님 창조의 근본 안으로 들어가 그 길을 찾아 공부하고 묵상하며 나의 나 되어짐에 감사하며 앞으로는 창세기를 공부하기로 작심한다. 작심 삼 일이 되지 아니하도록 성령의 도우심을 구해본다.

나를 발견하는 여행

《사랑. 돈. 사람. 일.》

내가 하나님의 사랑에 이끌려 애굽을 떠나 홍해 바다를 건너 광야에 이르러 굶어 죽지 아니하고 은혜로 살면서 또다시 쉬지 않고 가나안을 향하여 말씀을 짊어지고 요단을 건넜건만 어찌하여 삶의 현장에서 그리도 많은 전쟁을 해야만 하는 일들이 차례로 기다리고 있었던 것이었을까

내가 어떻게 그 굽이굽이 능선들을 잘 넘어올 수 있었을까를 생각하니 오직 하나님의 믿음이 나의 믿음을 이겨내신 일이었다고 확신한다. 순례의 길이란 내 믿음이 가는 길이 아니라 내 안으로 들어오신 '로고스 믿음'이 걸어가는 길이라고 확신한다. 나를 이기고 너를 이기고 세상을 이기고 우뚝 서 있는 너의 너 됨과 나의 나 됨을 볼 수 있게 되는 그 능선에 오르기까지 "그리스도의 이김"으로 인하여 승리의 깃발이 평산에서 펄럭임을 볼 수 있는 그 날이 반드시 올 것만 같다.

《새 예루살렘성을 향하여》

나와의 전쟁, 너와의 전쟁, 우리와의 전쟁, 사단과의 전쟁에서 오직 하나님의 믿음 곧 "그리스도의 믿음"이 승리하리라. 이 세상 살아가면서 그리스도의 승리를 Test 해볼 수 있는 바로미터는 세상 삶의 기준이 사업의 관계인지, 아니면 사랑의 관계인지 알면 되는 것이고 또한 선한 양심으로부터 우리는 얼마나 벗어났는지를 알게 되는 것이라는 사실을 다시 한번 짚어보고 순례의 길을 떠나가라고 기회를 주셨던 사랑에 감사를 드립니다.

僊을 찾아온 이길을 따라

맴맴 돌고 있다. 무슨 노래일까! 내 몸 안에서는 마치 잠자리가 나무 끝에 앉으려고 빙글빙글 돌고 있는 모습처럼 떠나가지 않고 있는데 내 시경이 있다면 잡아낼 수 있겠으며 이 소리를 녹음할 수 있다면 찾아내 겠는데! 정말로 약을 올리네. 아무리 찾아봐도 아니 나오네. 그냥 버리고 지나가자.

4시 30분에 일어나 2시간 동안 묵상기도와 말씀 속에서 얻은 그 복 때문에 한없는 눈물이 쏟아져 행복할 때에 가사와 곡도 정확히 알 수 없는 그러한 찬양이 흘러나와서 끝을 내고 유튜브로 들어가 이 모양 저 모양으로 찾아봤지만 못 찾아내고 말았는데 다시 빙글빙글 돌기 시작한다. 아무리 찾아도 못 찾겠다 꾀꼬리. 이제는 버려 버리고 떠나가자.

- 지나가지 말고 떠나가자 -

내가 버리고 지나온 것은 기억해보려고 하면 얼마든지 해봐도 되겠지만 그것은 버린 것이 아니라 여전히 있는 것이야! 그러나, 내가 버리고 떠나온 것은 기억해볼수록 손해가 나오고 있다는 사실을 알겠네. 명심하자, Pass

심비의 성경

하나님 아버지의 아들이신 예수그리스도가 참 아들이라는 증거가 성경책 한 권속에 기록되어 있지 않습니까? 그리고 온 세계 역사를 바꾸어 놓은 기원(B.C와 A.D)의 역사 흔적도 있지 않습니까?

그리고 지구에 살아가는 세상 각각의 모든 사람에게 성령과 악령으로 신들의 바람이 불어와 세상 역사를 이루어놓은 문명과 문화의 일들이 온 세계에 가득 채워져 있지 않습니까? 얼마나 많은지 그 증거들로 이 땅을 채우고도 남습니다. 한국의 역사, 일본의 역사, 미국의 역사, 중국, 호주, 영국, 북한, 등등의 각 나라의 점철된 역사로 채워진 세계의 역사를 통하여도 이 시대에 문헌들을 통하여 알아낼 수가 있지 않습니까?

하나님의 신과 사단의 신으로, 인간이 세워놓은 문화들이 문명의 이기와 발달로 속속히 보여주고 있지 않습니까? 세계의 움직임을 한눈에 볼 수 있는 파장의 흐름을요. 그러나 지금 나는 모든 것 제쳐놓고 단 한 가지 당신에게 묻고 싶습니다. 내가 당신의 아들이 되었다.라고 확신하며 살아가는 이 증거를 어떻게, 무엇으로 나타내어 볼 수가 있겠습니까? 내가 나와 하나님을 사진으로 찍어서 볼 수 있는 일도 아니요, 당신과 내가 합작하여 만들어 놓은 문명의 유산과 유물들, 그리고 기념품 같은 것들이 하나도 없는데 무엇으로 입증할 수 있다는 말씀입니까? 성경이 증거하고 있지 않으냐고 쉽게 말들을 하지만 이 성경책 한 권은 오직 예수그리스도 자신에 대한 기록이지, 나에 대한 책이 아니기 때문입니다.

그럼에도 내가 의심할 수 없는 사실의 믿음이 내 속에 이렇게 살아있어 내 입을 열어 내가 내게 당당히 말할 수 있다는 사실을 사람들에게 증거 할 수 있는 그 무엇을 나타내 보이소서!

바람 같은 성령이시여! 그 무엇으로도 잡을 수가 없습니다. 오직 한 가지 내 마음속에 오셔서 살고 계시는 당신과 당신의 아들, 그리스도의 그 마음뿐이요, 그리고 그 속에서 불어오는 바람의 소리를 내 마음과 이 손 끝으로 받아 바늘구멍만큼이라도 잡아 담아내는 그일 밖에는 없습니다. 오, 이렇게라도 살아있어 숨을 쉴 수 있음에 감사합니다. 내가 당신의 아들임을 이렇게라도 성령께서 증거 해주시니 살겠습니다. 오, 살아계신 나의 아버지! ~~~

근원의 물댄동산을 향하여

물재앙, 종교재앙, 말씀재앙, 자연재해, 인간재앙, 재난의 시작과 끝, (마태복음24~28) 이 세상은 심판 중이로구나. 죽은 자의 부활과 죽은 후에 남편은 누가 될 것인가 묻는 자에게 하시는 말씀이로구나!

마태복음 22; 29에서 보면 너희가 성경도, 하나님의 능력도 알지 못하는 고로 너희가 미혹되었도다(프라나스데) 라고 말씀해주시고 계신 것처럼 오늘날에도 똑같이 정로에서 떠나 방황하여 어둠 속으로 빠져가는 것이 아니런가!

프라나스데(미혹)이라는 뜻은 대문자로 시작한 직설법 현재 수동 2인칭 복수 동사로서 "너희들은 길을 벗어나 지금 방황하고 있도다"라고 지적하여 말씀해 주시고 계시다.

심비의 성경을 가지고 있지 않으면 끝까지 길을 갈 수가 없다는 사실을 직시하고 늘 깨어 천사도 모르고, 아들도 모르고, 오직 아버지만 아시는 그때를 깨어있어 준비하라고 하셨네.

마태복음 24장; 35절 천지(그 하늘과 그 땅)는 사라질지언정 내 말(로고이들)은 사라지지(pass away)아니하리라.

심비의 성경을 가지고 살고 있지 아니하고 종이에 새겨진 성경을 가지고 살고 있다면 언제까지나 타인의 삶을 살고 있는 것이라는 사실을 알았으니 그동안 내 영혼이 걸어왔던 길에서 이탈하지 말고 계속 가자. 그러지 아니하면 "나는 나다 (예헤 야셀 예헤)"라고 할 수 있는 자존자로의 내 삶은 헛된 꿈일 뿐이라는 사실을 알고 오직 "나의 나 됨"의 행복의 삶을 즐거움으로 여행을 멈추지 말고 가자. 근원 안에 맑고 깨끗한 물댄동산을 향하여~

강력의 힘으로

관찰자의 삶에서 벗어나면 새로이 열리는 삶이 있을까요? 관찰자에서 벗어나 새로운 존재가 되는 길이라도 있는 것입니까? 어떻게 해야 이 존재와 현존의 삶에서 벗어날 수 있을까요?

꿈이나 생시나 아직도 인간 나라를 한치도 벗어나지 못하고 이 세상을 뱅뱅 돌고 있다는 증거가 아니고 바로 무엇이란 말입니까?

관찰자, 듣고 보고 확신하며 연구하여 많은 자료를 가지게 되어 박사가 된 들 내가 살아가는 내 삶에 무슨 유익이 주어졌다는 말입니까? 어떻게 이 자리까지 와있는 걸까요? "관찰자" 그러면 43년 세월 동안에 울고 웃으며 살아온 내 인생의 열매가 "관찰자"라는 존재로 되어버렸다는 말이 아닙니까?

절대로 아니 되옵니다. 정말로 싫습니다. 어찌할꼬 완전히 벗어나게 하소서! 현실 같은 꿈과 꿈같은 현실에서 온전히 완전히 벗어나게 하소서!

아버지 하나님이시여! 아들 하나님이시여! 성령 하나님이시여! 나의 갈 길을 열어 보이소서!

세상 교회에서 전도사나 목사가 될 것도 아니요, 세상에서 박사가 될 것도 아니요, 오직 나의 인생은 이 세상에서 소유가 없는 몸으로 왔다가 빈 몸으로 돌아가는 인생이라는 것을 내가 아는데 말입니다.

아버지여 살려주세요. 어찌해야 좋습니까? 주여 관찰자로 있지 말고 이제는 구원자로 살아가라고요? 연약한 자로 살았기 때문에 늘 놀림감으로 살아온 것이니 이제부터 강한 자 되어 저들을 구원하라.

아버지여! 주여 자신 없습니다. 차라리 연약한 자로 돌아가라는 말씀
이 제게 합당할 줄로 믿습니다. 그것이 차라리 편할 것 같습니다. 옛날로
는 다시 돌아가고 싶지는 않지만 강한 자 되어 저들을 구원하는 구원자
가 되라 하시오니 어찌하옵니까. 눈물뿐이옵니다. 하지 못할 일을 하라
하시니, 아버지, 아버지!...

살아계신 하나님! 고맙습니다. 흐르는 눈물을 받으셨군요. 무슨 뜻인
줄 알겠습니다. 당신의 의지와 견해 앞에 내 뜻을 내려놓으라고요. 알겠
습니다. 예. 내려놓겠습니다. 다만, 말씀에 의지하여 내려놓겠사오니 새
로운 능력을 주세요.

십자가의 능력

"제자와 스승", "따라가는 자 와 사는 자"
아빠를 따라가는 자와 아빠로 사는 자는 다르지요.
엄마를 따라가는 자와 엄마로 사는 자는 다르지요
교수를 따라가는 자와 교수로 사는 자는 다르지요.

예수를 따라가는 자와 예수로 사는 자는 다르지요.
그리스도를 따라가는 자와 그리스도로 사는 자는 다르지요.

그 어느 날 때가 되면 홀로서는 그날이 오겠지요.
길을 따라가다가 길이 없어지면 당황하며 무서워 떨고 있겠지요.
갈 곳을 알지 못하여 방황하고 유리하고 있을 때 "어떻게 해야 할까요"
이때부터는 자기가 걸어가는 발자국만이 길이 되어질텐데...
아빠를 잃었고, 엄마를 잃었고. 스승을 잃었고, 예수를 잃었을 때 "어
디로 가야 할까요"
아빠처럼, 엄마처럼, 스승처럼, 그 자리에서 함께 따라 사라지던지, 차
라리 함께 죽든지.
십자가 사랑을 몸으로 경험하는 삶만이 십자가의 죽음과 부활을 노래
하는 아비와 어미와 스승과 예수로 다시 살아날 수가 있다네요.

꺼진 불도 다시 한번

이 세상보다 더 무서운 세상이 바로 이곳이로구나! 예수를 따르는 종교가 왜 점점 더 이렇게 되는 것일까! 세상 사람들은 서로 원수같이 싸우며 지내다가도 술 한잔을 나누면 술기운에 서로 다시 어우러지기도 하지만 교회를 통하여 믿음을 소유한 자들은 천국을 향하여 가는 신앙생활 속에서 모두가 하늘나라의 왕이요, 제사장이요, 선지자라는 의식을 가지고 살기 때문에 자기의 영적 수준에서 상대들을 판단하고 자기 신앙의 수준으로 정죄를 할 수밖에 없다는 사실을 뼈저리게 느끼게 되는 새벽이다. 그동안에도 여러 번 느꼈고 경험하며 지금까지 쉬지 않고 달려왔지만, 어제 있던 일로 인하여 40년 동안 교제하며 살아왔던 아름다운 관계의 자매와의 삶에 흠집을 내는 환경의 손끝을 보았다.

19년도 어느 날인지는 잘 모르겠지만 하도 폭폭해서 위로를 받고자 전화를 해 교제를 하던 중에 나는 얼굴이 뜨겁도록 민망해지는 것을 느끼고 깨달았지만 내가 달려가야 할 부분에 초점을 맞추었기 때문에 조금도 상처나 흠집이 되지 않았고 서로 잘 살아왔었는데 요사이 연락이 통 없으셔서 해가 바뀌었으니 궁금해서 전화를 했다. 싸늘한 공기가 돌더니만 결국 직격탄이 날아와 깜짝 놀랐다. 왜 그러실까 했는데 문제는 기독교 우파 정치 목사 전광훈 때문에 이 나라가 이렇게 되었고 우파교회 목사들의 예배 강행 때문에 전도와 선교의 길이 막혔다는 뜻으로 소리 질러 경고하며 큰 목소리로 정죄하는 말(애국하려면 목사를 내려놓고 정치를 해야지!)라고 말하길래 그러면 3.1 운동하신 목사들은? 말하기도 전에 "어디다 그런 분들과 비교하느냐. 정신 차리라"라고 호통을 치는데 나는 너무 놀랄 수밖에 없었다.

그래서 그 말에 대하여 스스로 이 일로 하여 내 마음 안에 상처와 흠집을 내게 하려는 숨은 마귀의 궤계와 술수가 들어있지는 않은지 잘 살펴보고 난 후 다시 전화를 했으나 받지도 않을뿐더러 당신과는 이제 상대하지도 않겠다는 표시의 메시지가 왔다.

엊저녁에는 어이가 없었지만 잠자는 동안에 바람에 불리어 다 지나간 것 같다. 깨끗하다. 사람들은 각자마다 자기의 삶을 사는 것이지 누구의 말에 의해 살아갈 사람도 없거니와 대신 살아줄 사람도 하나도 없다. 자기의 삶들을 살고 갈 뿐이다. 단 한 가지 다른 점은 존재와 존재 상태의 생각이 다르기에 나타내 보이는 것이 다를 뿐, 각자 모두 자기의 삶을 살고 가는 것이라고 나는 본다. 자기 뜻과 의지와 견해로 사람들을 대하지 말고 또 선입관과 편견으로 잣대를 대거나 고정관념과 자기 이론을 앞세우지 말라고 말씀 해주신 그때 그 일이 생각납니다.

1984년에 내게 성령께서 조명해 주셨던 그 선물이 활동사진을 지금 보는 것처럼 생생하게 이시간 돌아가고 있다. 예수 그리스도의 빈 마음을 가지고 살아갈 때를 기다리라고 조명하신 것을 기억합니다. 우리들의 마음에 가득가득 채워 쌓아놓은 관념들을 버리고 새로운 예수의 빈마음을 가지고 세상을 살라 하셨잖아요. 이 세상은 이 세상 법대로 이렇게 살아가는 세상이요, 우리가 살아가야 하는 세상은 법으로 사는 것이 아니라 사랑으로 살게 되는 곳이니 이상 할 것이 하나도 없는데 육신이 살아있는 날까지 이 세상까지도 편견과 선입관 없이 살아질 세상을 위하여 자기에게 주어진 분량만큼 복음 안에서 생명과 사랑과 자유와 거룩으로 초월의 삶을 살고 있는가를 늘 확인해 보며 그대로 세상을 놓고 떠나가면 되는 것이라고 나는 믿는다.

알 수 없는 당신이여

　잠이 오지 않는다. 뜬금없이 1980년도에 이 세상을 떠나신 친정아버지가 떠오른다. 나의 아버지는 기계제작 설계사이셨다. 설계도 도면을 늘 들여다보시면서 많은 생각을 하시고 '태양공작소'로 출근하시는 것을 보며 자라났는데 어린 나이에 아버지가 가지고 다니신 설계도의 그려진 도표와 약자들 그리고 깨알 같은 글씨가 적혀있던 도면이 지금 내 눈앞에 떠올라 도저히 잠을 잘 수가 없다.

　기계들을 만들고 또 그 기계들로 제품들을 생산하여 내는데 만약에 기계가 고장이 나거나 온전한 제품들이 나오지 않으면 어디든 다니시면서 일하셨었는데 지금 와서 보니 아버지는 국가적으로도 아주 귀한 일을 하셨던 분이었던 것 같다. 아버지가 설계도를 들여다보시면 그 기계의 실체의 비밀을 다 아시고 제품의 생산 비밀까지도 알아내시는 것처럼 내가 성경책을 들여다보면 성경책 속의 비밀인 실체에 대한 설계도를 다 읽어 낼 수가 있어야 제작도 하고 또 완벽한 제품들을 생산해 낼 수가 있는데, 나는 도무지 성경책의 도면을 완벽하게 다 읽어 낼 수가 없으니 생각이 꼬리에 꼬리를 물고 잠을 잘 수가 없어 생각을 포기하고 눈을 감고 잠 오기를 기다리다 갑자기 두 눈이 가렵기 시작하여 잠을 청할 수가 없어서 견디다 못하여 벌떡 일어나 블로그를 열어서 이렇게 또 기록해 놓는다.

　왜? 나는 성경책의 비밀 문자와 기호들을 다 해독하지 못하는 것이며 또 내가 가장 바라고 원하는 다독을 못하고 오늘 여기까지 질질 끌고 끈

질기게 살아온 것일까.를 고민하다 보니 잠을 잘 수가 없었던 것 아닌가! 이 안타까운 내 마음의 고백을 다시 한번 실어 놓는다.

성경을 모르는 사람은 하나님과 상관도 없을 뿐만 아니라 하나님은 절대로 그런 사람은 쓰지 않으신다고 전목사님께서 말씀하셨는데 내게는 정말로 맞는 말씀이다. 교회의 설교자와 목사로서는 쓰이지 못하고 일반인으로 평범하게 살아왔으니까요. 그러나 다독의 은혜를 주시라고 늘 소원하며 오랜 세월 구하였어도 그놈의 꼬리는 여전히 끊어져 나가지 않고 붙어 있었으나 그래도 그것에 대하여는 완전히 실망하지 않고 기대하며 살아왔다.

다독하려고 성경책을 열기만 하면 내 의도와는 전혀 다르게 어느새 정독의 은혜 속으로 들어가 있는 나를 보게 되니 차라리 이제는 실오라기 같은 기대까지도 포기를 해버리고 편하게 살아가야 하겠다고 마음을 비운다.

나이 들어 이 세상 떠나기 전에 사람들처럼 성경책 완독을 (정독과 다독으로) 여러 번 하다가 떠나고 싶었는데! 어찌하여 하루 살아갈 만큼의 존재의 양식(에피우시온)과 존재의 의복과 존재의 거처로 살아갈 수 있는 필요한 그 말씀의 분량만큼만을 주셨는지, 내 영혼을 향하신 당신의 그 마음의 비밀을 알 수가 없었습니다. 다만 매일 순간마다 영생을 맛보아 알아가는 즐거움과 기쁨만큼은 날로 더하여 가며 살아오고 있었습니다. 지금 이 시간에도 그러함은 여전히 살고 있네요. 어느새 밤을 새웠네 그려. 모든 하네쇼마!

할렐루야

하나님의 그 네쇄마를 내게 불어 넣어 주셔서 살게 하시오니
무엇으로 찬양해야 할런지요!

내 모든 지체들아 찬양하라.
눈, 코, 입들아 찬양하라
젖가슴과 손과 발들아 찬양하라.

내 모든 장기와 뼈들아 찬양하라.
근육과 힘줄과 자궁들아 찬양하라.
쏟아지는 물들과 똥들아 찬양하라.

눈물 콧물 모든 배설물까지도 그를 찬양하라.
나그네 세월 75년 동안 살게 한 그 네쇄마는 여호와를 찬양하라

여호와의 그 숨결이 있는 자마다
여호와를 찬양하라. 할렐루야

가족구원을 위한 임상실험

육신의 아들들이 영혼의 아들까지 되어가는 과정의 상태를 확인시켜 주시네!

책들을 차곡차곡 쌓아 가슴에 두 팔로 한 아름 안고 들어오는 큰아들을 맞이하며 "아들~ 왔어?" 기쁜 마음으로 맞이하며 내게는 너무 귀한 아들이라 그냥 보기만 해도 좋아! 이유 없이 좋아하며 말을 건넨다.(현실보다 키는 작고 몸은 단단한 어른이 되었지만 얼굴은 순전한 아이 같았다.)

어제저녁부터 밖에는 눈이 많이 내려서 온천지가 눈 세상인 줄도 몰랐지만 꿈에서 아들이 찾아와 보여준 장면을 보고 창문을 열어보니 눈 덮인 세상이로다. (지금의 현실과 똑같은 환경으로 겨울옷에 마스크와 겨울모자를 쓰고 책들을 가슴에 안고 들어오는 모습을 보며 너무 기뻐서 말을 한다.

"아들아! 힘들겠다." 하니까 "응" 하고 대답을 한다. 여전히 나는 계속 질문을 한다. 아픈 곳은 없는지? 평시처럼 진단하여 알아보려고 ○○하니? ○○하니? 하고 물으면 여전히 "응~ 응~"하고 대답을 한다. 쓴 질문을 해도, 단 질문을 해도 변함없이 "응~, 응~"하며 들어와 식탁에 책들을 내려놓는다. 눈을 뜨고 보니 꿈이었네. 생시와 너무 똑같은 아들이었네.

내가 어린 시절에 꿈꾸었던 몇 가지 꿈들을 떠올려 보면 그리고 지금까지 살아오면서 그때그때 마다 꾸던 꿈들을 모아 이야기해본다면 생시와 다를 바 없는 생활의 연속 같았던 생활 이야기라 해도 무방하다는 생각이 든다. 현재 진행형이다. 현실이나 꿈이나 다를 바가 없는 상태였기 때문에 꿈을 꾼다는 것을 나는 싫어했지만 내가 아무리 싫어해도 생활의 일부가 되어 나를 쫓아다니며 떠나가지 않고 따라와 마치 좀비처럼 그림자처럼 함께 와 주었으니 내가 어찌할 수 없는 그런 상태로 나타내 보여주는 부분들이었다.

이제 와보면 내게 주신 은사였는데 (꿈이 꾸어지지 않도록 기도를 하며 싫어했어도 내가 원하는 바와는 상관이 없었다.) 나는 오직 성경의 기록된 말씀만 열어주시고 그리스도의 믿음만 내게 달라고 기도를 해도 여전히 떠나지 아니하고 존재하고 있는 천사 같았다.

이 시간 그 꿈을 통해서 확실하게 잡은 것은 겉 사람과 속사람이 하나 되기까지 깨닫게 하는 선생 노릇을 해준 꿈들이었다. (육혼영)의 사람이 거듭 태어나 (영혼육)의 사람으로 되어 진리의 사람이 되어 나오는 것을 볼 수 있도록 돕는 몽학 선생과도 같은 일을 하도록 하나님이 창조하신 천사들 중에 하나라는 사실을 알게 되었으니 오히려 감사해야 하리라.

우리 가족은 다 합치면 13식구이다. 1가정 4식구에서 영혼 구원의 일하심이 성령으로 나타내 주셨다. 이제는 3가정으로 13식구들로서의 영혼 구원의 역사를 준비해 주시는데 필요했던 아주 아주 귀한 선물들이었었네. 대대손손 그리스도의 계보를 이어가는 창조의 비밀을 열어 주시는데 필요한 비유와 비사와 징조들로서 영혼들이 성장해가도록 도와주는 조명 장치로서의 배경인 꿈 이야기가 이제는 사실적이요, 현실적인 실체들의 삶의 이야기로 전하여지기를 간절히 소망한다.

시편은 나의 복

복. 복. 복!

두 손 들고 복을 세 번 외쳐봅니다. 아스레. 아스레. 아스레! 지금까지 받은 복은 헤아릴 수 없이 많지만, 그 모든 것들이 다 지뢰밭 같은 이 세상을 잘 피하며 살아온 것 같은 느낌이다. 그것은 오직 하나님의 은혜와 긍휼이라는 선물이 끊임없이 내게 주어졌기 때문에 살아왔네. 지금, 마치 꼬불꼬불 뱀이 다닌 뱀 길처럼 내 삶의 흔적인 그 길이 보이는구나.

그 어느 날 차라리 지뢰를 밟아 내가 죽어 버렸던지, 아니면 그 지뢰들을 하나씩 파내어 모아 놓아서 다니기에 안전한 곧은 길을 만들어 놓았더라면 좋았을 것을, 오늘은 후회하기보다는 말씀 안에서 철저하게 회개를 하였다. 성령의 역사를 따라서 43년 세월을 살아온 그 삶을 되돌이켜 보니 절반만 미친 자의 삶을 살았음이 드러났다.

그러니까 내 인생 삶의 결과가 이러한 꼬불꼬불한 뱀이 기어다니던 길의 모양으로 남아 있는 것이 아니겠는가! 뱀은 사라졌어도 뱀 길은 여전히 남아 있었구나! 내가 내게 명령한다. "지금 당장 지워버려"

성경 66권 속에서의 시편은 하나님 아버지께서 내게 주신 보금자리요, 복의 세계라. 할렐루야. 아멘. 감사~감사.

약밥 한 덩이의 복

어제저녁에 만들어 놓은 '약식' 한 덩이로 인하여 진리 된 자의 삶의 노래가 흘러나올 줄을 내 어찌 알았겠나, 목욕할 때 사용할 작은 히터 하나를 사려고 나갔다가 사지 못하고 오히려 껍질을 까놓은 알밤을 사 온 것이 그만 복이 되었네.

집에 있는 찹쌀을 씻고 계피차를 끓이다가 남겨 두었던 대추 몇 알과 냉장고에 있던 호두 알갱이를 깨끗이 씻어 모두 섞어 압력솥에 넣어서 급하게 만들어 놓았다. 저녁밥을 먹어가면서 급하게 만드느라 찹쌀을 물에 불리지 않아서 힘들었지만 맛있게 만들었다. 다 치우고 들어와 서성이고 소화를 시키고 있다가 그만 스르르 누워 잠들고 말았다.

죽었다 깨듯이 눈을 떴는데 하필이면 툭 하고 내 입술에서 '약식'이라는 두 글자가 왜 튀어 나왔는지는 원인을 몰랐지만, 화장실에 들어가 변기에 앉아 소변을 보는데 그 소리가 구약성경에 나오는 제사에 대하여 가인의 삶과 아벨의 삶의 제사 이야기를 듣고 있는 것만 같았고 하늘의 제사와 땅의 제사가 우리 안에서 어떻게 하나 되어 가는지 정로의 길을 따라 신약시대에 살아가는 나에게 말씀 안에서 구체적으로 삶의 제사가 어떠한 상태로 이루어져 가고 있는지를 내 영이 마태복음 안에서 확인해 가며 당신은 내가 되고 나는 당신이 되어 오르락내리락하며 조잘조잘 서로 이야기하며 '약식'을 통하여 성경 이야기로 향기를 올리는 찬양을 할 수밖에 없었지요.

나는 당신의 것으로, 당신은 나의 것으로 서로 나누는 시간, 이 아름다운 삶의 제사가 우리 모두 함께 먹고 마시고 살아가는 떡과 포도주의 절대 논리 앞에서 이 삶은 애매모호 함으로 시작되어 세상으로 퍼져 나간다는 사실을 알게 하네. 납덩이 같은 인생을 황금 덩이로 바꿔주고 있었네.

측량할 수 없는 그리스도의 풍성

　예수그리스도의 아버지 하나님의 사랑의 분량은 얼마나 될까! 라는 질문과 함께 에베소서가 떠올라 그 깊이와 넓이를 알아보고 싶어 성경책을 열었는데 동시에 은혜 구한 내게 은혜의 주님 찬송이 흘러나와 흥얼거리다가 찬송가를 열어 찾기 시작했다.

　순서대로 먼저 성경책을 열어 에베소서 1~3장을 읽었다. 바울이 옥에 갇힌 이유는 복음만을 위해 일했기 때문이었다는 사실을 알게 되었다. 그 복음은 첫째로는 이방인들에게 전하기 위함이었고 둘째로는 믿는 성도들에게 그리스도 예수 사랑의 풍성한 비밀의 경륜을 나타내기 위함이었다는 사실을 믿음으로 정리하게 되었다. 그리고 에베소서의 "백미"라고 인정할 수밖에 없는 3장을 다시 읽어가며 자세히 공부하다가 벌떡 일어나 서성이면서 찬송가를 찾아 손에 들고 부르지 않을 수 없었다. {은혜 구한 내게 은혜의 주님 은사 구한 내게 은사의 주님 나의 마음속에 지금 또 오시네. 나의 생명 되는 내주 예수님 영원토록 모셔 내 기쁨 넘치네}

　당신의 사랑은 어디까지입니까? 도무지 알 길이 없습니다. 42년 세월 흘러 왔어도 찾아낼 수 없는 그 사랑의 넓이와 높이와 깊이와 길이와 무게와 크기의 분량을 두 손 들고 찬양합니다.

　"아넥시크니아스토스" 한 글자, 한 단어, 한 문장, 안에서 흘려보내시는 이사랑은 가두어 둘수가 없군요. 잠시라도 붙잡아 함께 누리고 싶어서 또 손가락 끝으로 이곳에 담아 봅니다.

찾아낼 수 없는 사랑, 추적할 수 없는 사랑, 비난할 수 없는 사랑, 부끄러울 것 없는 사랑 "아넥시크니아스토스" 측량 할수 없는 사랑. 영원무궁한 사랑. 별빛처럼 흐르는 이 시간입니다.

산상보훈의 말씀을 설파하시고 계시는 당신의 발 앞에 빈 깡통 들고 그 안에 빛을 담고자 하는 거지 나사로와 다를 바 없는 심령의 여인입니다. 오늘 하루 살 수 있는 은혜와 은사의 새 옷을 입혀 주소서!

어둠의 골짜기를 지나

지구의 종말이 올 것만 같은 그런 느낌이 든다. 운동하려고 나갔다가 동네 한 바퀴를 돌면서 내 아버지께 질문했던 42년 전, 1978년 애경유지 화제 시 내 뱃속 깊은 곳으로부터 올라오는 말이 있었는데

1. 아파트가 병풍처럼 진을 칠 것이며
2. 자동차 교통사고가 많이 날 것이며
3. 불이 많이 날것이다.

그러면 때가 가까이 온 줄을 알라고 말씀하여 주시고 바람이 스치고 지나가듯 턱 한마디 던지고 지나가는 것이 아니었던가!

42년이 흘렀는데도 답을 얻지 못하고 사방아파트가 진을 치고 많이 세워지는 것을 볼 때나 불이 자주 나거나 교통사고가 나면 그때의 그 말들을 상기해 왔지만 지금도 그 어떠한 답을 얻지 못하고 지내왔는데 오늘도 역시 그러했다.

저녁 식사를 한 뒤에 책상에 앉아 졸다가 편하게 누워 잠깐 자고 일어나는데 지구의 종말이 오는 것이 아닐까? 라고 스스로 말을 해본다. 사상과 이념으로 피 흘리지 아니하고 싸우는 세계전쟁이 지구촌에서 일어나고 있지만 실은 영적 전쟁이라고 나는 확신한다. 특별히 대한민국에서 현재 일어난 정치 권력은 미친것 같다. 5천만 국민 전체가 다 각각의 제 소리들을 내며 각기 떠들어 대는 무질서와 무통제는 눈을 뜨고 귀를 열고 있는 상태에서는 나 같은 사람은 더 살아갈 수가 없다.

마치 좌우로, 상하로 흔들어대는 상업 선전용 고무풍선처럼, 또 영화 속에 나오는 머리 푼 한 많은 귀신처럼 원한을 갚겠다고 불 속에서, 물 속에서 몸부림치고 있는 혼백처럼 돌아가는 현 시국을 보며 이미 배가 바다에 함몰되기 직전 느낌이다.

살려달라고 기독교인들은 하나님께 밤낮으로 기도하고 있지만 어찌 될 것인가! 있을 것이 있을 곳에 있게 하시는 하나님의 손이 어떻게 대수술을 하시고 그 후에 회복시켜 가시는지 지금부터는 잠잠히 바라보며 근원 안으로 다시 들어가야겠다. 1년 가까이 유튜브를 통하여 지옥 같은 전쟁터인 이 세상을 여행하면서 한 번도 경험해 보지 못한 나라로 끌고 가려는 현 정부를 향하여 돌판 매질을 하면서 살아 봤다. 내가 75년 살아오는 동안에 욕이란 것은 할 줄도 모르며 살았던 내가 내 입술로 욕도 많이 했고 나라 걱정도 많이 하면서 살아왔지 않나 싶다.

애국의 마음은 가슴 깊이 살아있으나 이제 내 영혼은 이 세상 구경을 다 했다는 생각이 든다. 애국을 향한 행위로서의 욕설과 댓글도 시시해지는 것 같아 내려놓았으니 말이다. 어려서부터 성격이 겁이 많아 큰소리치는 곳에는 가까이 가지도 아니했지만, 기질이 보편적으로 조용하고도 비사교적인 사람이라서 삶의 폭을 넓히려 노력하지 않고도 잘 살아가는 편이었다. 신앙생활이 시작되었어도 역시나 조용하고 고요하게 살아온 스타일을 벗어날 수 없었다.

또 이미 (엔 아르케) 근원의 원리를 알았기 때문에 내 영혼이 가족 중심으로만 살아오다가 유튜브를 통하여 핍박받는 애국교회와 애국 지도자들의 고통을 보며 내게도 자유에 대한 열정이 살아나 애국심으로 밤을 새우며 하나님께 소원을 말하다 보니 홀로 심령 대부흥회를 하며 일 년을 살아온 결과로 그동안 크고도 폭넓게 내 영혼도 성장했음이 보이네.

이제는 만유를 사랑하시는 하나님 아버지의 뜻과 의지와 견해 앞에 온전히 착상되어 아버지의 공의와 사랑만이 작동되는 원리의 삶을 실천하며 살게 될 수밖에 없는 "데오이"로서, 세상 고정관념과 선입관 그리고 내 합리화로 변형시켜지는 잣대가 사라진 고요한 "내"가 되어 있음에 감사 찬양 드립니다

복음은

예수그리스도를 믿으라.
예수그리스도를 받으라.

복음을 믿으라. 복음을 받으라.
말씀을 믿으라. 말씀을 받으라.
영생을 믿으라. 영생을 받으라.
구원을 믿으라. 구원을 받으라.
믿음을 믿으라. 믿음을 받으라.
사랑을 믿으라. 사랑을 받으라.
거룩을 믿으라. 거룩을 받으라.
성령을 믿으라. 성령을 받으라.

이 두 사이에는 gap이 있다. 예수 그리스도는 창조주 하나님의 아들로서 하나님의 꿈을 가지고 오신 사람 하나님이다. 창조주 하나님의 꿈은 하나님 자신의 소망과 믿음과 사랑을 실현되는 그 꿈을 가지고 만물을 말씀으로 창조하셨다. 당신의 아들들이 행복하게 살도록 환경을 먼저 조성하시고 맨 나중으로 사람의 아들을 말씀으로 낳으셔서 천지 창조 안에서 살게 하신 것이다. 그러나 천사가 타락(거짓말과 속임수)으로 말미암아 인간 세상에 하나님으로 가장하고 먼저 들어와 아담의 본질과 심성의 자리를 빼앗고 왕이 되어 에덴을 파괴하고 말았다.

그러나 오랜 세월을 거쳐 회복할 수 있도록 역사를 거듭거듭 이루어 오셨지만 시대마다 죄악들을 반복하게 되므로 결국에는 마지막으로 하나님께서 직접 사람의 모양으로 옷을 입고 오셨으니 그가 곧 아버지 하나님의 아들 사람으로 오신 예수 그리스도이다.

예수는 육체이신 사람이요, 그리스도는 영이신 하나님이다. 십자가 사랑을 이루시고 오순절 강림하신 성령이신 하나님은 보혜사 본체로 부활이다. 그러므로 예수는 하나님과 사람 사이를 오고 갈 수 있도록 중보자로서 화목제물로 오신 분이다. 육의 몸은 죽고 영의 몸으로 다시 부활하여 부활의 몸으로 말씀이 몸이 되어 사람들 속으로 들어가 사랑이 시작되고 각 사람 속에 씨앗들을 뿌리어 아버지의 그 큰 꿈이셨던 하나님의 설계도가 이루어지는 정점이 예수 그리스도이다.

참으로 자기 아들들을 많이 재생산하여 이 어두운 세상을 빛의 세상으로 창조해 곧 에덴의 회복을 이루어 행복한 세상을 이루시겠다는 프로그램과 계획이 성경책에 비밀 암호로 기록해 놓으신 것이다. 유대 땅, 이스라엘을 선택하사 구약의 역사를 기록하게 하시고 작은 고을 베들레헴에 사람 예수로 오셔서 십자가 사랑의 언약으로 신약의 역사를 기록하게 하셨고 기록된 말씀에서 보혜사 성령을 통하여 말씀의 자녀들을 낳으시며 하늘의 광명이 되도록 일하고 있습니다.

이스라엘의 역사를 기록한 성서를 통하여 하나님 아버지의 꿈이 무엇인지를 알고 깨달아 설계도를 따라서 진리이신 예수그리스도를 선물로 받아서 예수그리스도께서 살아가신 그 삶을 나도 살다가 아버지의 나라, 하늘들의 나라로 들어갈 수 있도록 예수 순종의 삶, 마라나타 그날까지 살아가도록 하자. 예수 단수는 맏아들로 오셨지만 우리 복수 예수들은 한 아버지의 아들 중 각자 한 아들들로 살아가고 있습니다. 여기에 어찌 우상이 있으리요. 할렐루야.

그냥 좋아요

아버지~ 불러 봅니다.
왜 그러니? 하고 대답하지 않으셔도 좋아요.
까꿍? 하고 나타나 보이지 않아도 좋아요.

세상 살아있는 동안 부르고 부르다가 지쳐 쓰러져 죽을지라도 좋을 수
밖에 없는 내 아버지, 그 이름 "아버지, 주여~" 하늘의 축이 말리고 바다
의 물이 다 마르고 태양의 열기가 다 식었나 봅니다.

당신의 위대하심을 찬양한다고 하늘을 두루마리 삼고 또 바다를 먹물
삼아 영광을 돌리던 세상 나라와 백성들의 열기도 다 식어가고 오히려
굳어져서 납덩이로 변하여지고 말았나이다. 그 납덩이로 던지고 쳐서 당
신의 백성들을 때리고 피 흘려 죽이려 할 것입니다. 사단 마귀의 맹렬한
공격이 사회주의와 자본주의, 민주주의와 공산주의로 드러나 한집안 쌍
둥이가 서로 싸우듯 이미 오랜 세월 전쟁을 해왔던 것입니다. 마지막 전
쟁입니다.

주여~ 하늘과 땅의 축은 말랐고 태양의 열기는 사라져 더 이상 당신의
영광을 입술로 노래할 수는 없을지라도 우리들의 뜨거운 영혼의 사랑인
그 가슴은 살아남아 있잖아요. 아버지 어찌해야만 좋을지요.

아버지! 내 아버지여, 부르고 또 불러도 대답 아니하실지라도 좋습니
다. '그래, 나 여기 있어, 오냐, 까꿍' 아니해 주셔도 좋습니다. 당신이 내

가 되고 내가 당신이 되어버린 그 사랑이 되어버린 지 오래되었건만 왜 그리 살았는지요.

오늘 여기까지 살아온 것은 이 세상 두루 다니며 시험하던 자가 우리에게 찾아와 그렇게 괴롭히고 우리를 참소하며 물 속으로 던지고, 불 속으로 던졌지만, 이제는 그 시험하던 자, 그가 떠나갔느니라. 울며 떠나가는 것이 아니라, 이제는 웃으며 떠나갔느니라.

아버지 그냥 좋아요. 주여 감사해요. 사랑이 사랑 되어 그 사랑으로 산다는 것은 이런 것이라는 것을, 말 있음의 말 없음과 말 없음의 말 있음인 그 비밀을 알게 되었습니다.

이것이 뭐야?

"슬프다."의 계곡을 지나 "처절하다."의 언덕을 넘어가면 "이것이 뭐지?" "도대체 이것이 뭐냐?"하던 나는 지금, 한 획의 정점의 선을 넘는다.

선악 세상 언덕의 꼭지점을 넘어 생명 세계로의 첫발을 내딛는 일이라고 나의 뱃속 깊은 곳으로부터 올라오는 그 알 수 없었던 그 무엇? 역시나 어제 있었던 삶의 현장에서 일어나는 일들로 인하여 목격하고 정리되어 증거로 약속의 말씀이 동일한 말씀으로 현찰로 내 손안에 주어진다. 감사하다.

선악에 대해 관심이 없는 사람들에게는 영혼의 갈등도 있을 수가 없다는 사실을 알게 되었네. 그러하니 그들에게는 종교심이 있을 리가 없다. 그러므로 그들은 싸워야 할 대상이 아니라는 사실을 알게 되었으니 감사할 일이로다.

내가 나 자신을 향하여 서 있는 것일 뿐이지 다른 것이 아니다. 선악 세계와 생명 세계의 만남의 꼭지점 곧 십자가의 도 "예수그리스도의 죽음과 부활" "나의 나 됨과 너의 너 됨"의 "바지선" 할렐루야! 지금까지는 내 영혼의 순례의 길을 걸어왔다면 이제부터는 전도자의 길을 걸어가게 되리라. 아멘.

전쟁 역사 속에서

한바탕의 굿판이 끝난 후에 찾아오는 허탈감이라고 할까! 신들의 전쟁, 인간들의 전쟁, 신과 인간들의 전쟁. 세상 역사는 전쟁 이야기들로 점철되어 있구나. 생존 세계에서 살아남기 위해서는 무엇보다도 힘이 있어야 한다.

신이든지, 사람이든지 간에 지배자와 피지배자로 형성이 이루어지고 좋게 보면 사랑 이야기, 자유 이야기, 거룩 이야기, 생명 이야기들로 구성되어 이루어 가는 전쟁 역사 이야기라고 보면 되겠다. 동물의 세계를 보면 선명하게 볼 수가 있다. 이들의 삶은 매우 자연스러운데 우리는 사는 모습 그대로 받아들이지 못하고 짐승들보다 수십 배, 수만 배의 전쟁을 하면서 생들을 마치고 있다.

나는 1년 가까이 사방바람이 불어 대고 있는 이 세상 속으로 내 영혼이 스스로 뛰어 들어가 그곳에 동참하여 함께 살아보았다. 신과 신들의 전쟁을 확실하게 보았고 신과 인간들의 전쟁을 보았고, 인간과 인간들의 전쟁하는 모습을 확실하게 보았다. 선악 세계의 무서운 싸움도, 고도의 의로운 싸움도, 고귀한 생명의 싸움도, 위장된 평화의 싸움도, 거짓과 진실의 전쟁을 보며 이 세상에서는 절대로 정답이 내려질 수가 없겠으니 전쟁도 끝은 없겠구나. 라는 결론을 내리고 말았다.

오직 내가 가는 이 길은 이 세상 너머 위의 세상 역사를 이루어 가는 길이라는 사실을 한시라도 잊지 말고 소홀히 해서는 아니 될 것이다. 지금까지 내가 걸어온 발자국들을 뒤돌아보며 조금도 실망하지 않고 감사와 찬송으로 앞에서 손들고 걸어가고 있는 선구자의 깃발에만 나의 눈을 고정하고 내 영혼의 승전가를 부르며 더 좋은 나의 본향 새 예루살렘 땅 끝까지 힘차게 걸어가리라. 하나님의 형상과 모양인 그리스도의 사람으로 온전한 아들의 사람을 이루며 살리라.

지혜자와 어리석은 자

　기록된 성경을 하나님의 말씀으로 받아 현찰로 받아서 사용하는 사람이 있는가 하면, 어떤이는 약속어음으로 받아서 사용하지 못하고 오직 현찰로 바꿀 수 있는 날을 손꼽아 기다리며 가난하게 사는 자들도 있다.

　하나님 말씀을 받아서 이 세상에서 현찰로 사용하다 보니 하는 일마다 성공하여 신분상승이 이루어져서 큰 부(사랑, 사람, 물질. 일)를 이루게 되어 위대한 사람으로 이 세상에서 큰 인물이 되어 이름들을 남기기도 한다. 그러나 어떤 사람은 성경의 기록된 하나님의 말씀을 약속어음으로 받아 사용하지 못하고 명제되는 그날만을 기다리며 살다가 이 세상에서 이름 없는 선비들처럼 외롭고 가난하게 살고 있을 수도 있으리라고 생각을 해 본다.

　그리고 또 어떤이는 환전소에 가서 이자를 주고라도 바꾸어 사용한 사람들은 역시 잘살게 되었을 터이나 융통성 없는 사람은 반드시 그 날짜가 올 때까지 꼭 쥐고 기다리고만 있었던 사람은 그동안 쉽지 않은 삶을 살았으리라. "우리는 어떻게 살아야하나!" 성경에 기록된 말씀을 현찰로 받는 자와 약속어음으로 받는 자의 차이점 앞에서, 약속어음으로 받았어도 이자 주고 현찰로 바꾸어 쓸 줄 아는 지혜로운 자가 있는가 하면 끝까지 우직스럽게 기다리다가 초라하고 가난하게 사는 자도 있을 것이다.

　우리나라가 보통 혼란스러운 것이 아니요, 코로나19로 인하여 공황상태로 빠져간다. 또 세계 정세가 위험을 가하고 있다. 이러한 난세 속에서 어떻게 살아야 하는가! 하나님의 말씀을 현찰로 받은 사람들과 또한 약속어음으로 받은 사람들은 과거에는 어떻게 살아왔으며 현재는 어떻게 살고 있나를 살펴보면서 닥쳐오는 미래를 현재의 미래(미완료 상태)로 받아들여서 잘살아가도록 해야 할 것이다.

　약속하신 그날에 새 하늘과 새 땅인 새 예루살렘이 내려올 때 그 땅으로 들어갈 수 있도록 성령으로 깨어있어 신부가 단장하듯 말씀이 육신이 되어 투명하게 내게 남아 있는 날들을 현명하게 살아가도록 하자. 마라나타

해의 부활체 I

별들을 바라보며 위로받고 살던 시대는 끝나고 태양 속으로 들어간 하나의 원소로 그 불덩이 속에서 함께 타고 있는 태양이어라.

자연인으로 살 때는 나무 한 그루로, 종교인으로 살 때는 물고기 한 마리로, 신앙인으로 살 때는 사람 야훼로 숨어 살도록 밀실 속에 가두어 두시고 비밀로 키워오셨는데 이제는 때가 되어 꺼내시어 하나의 원소로 하늘로 올리시어 태양 속으로 던지셨네.

훨훨 타오르는 태양의 불꽃 속으로 하늘들의 나라에 지체로 세상을 살리는 일을 하며 영의 사람들을 더 살게 하는 일을 하며 사람다운 사람들이 많아지도록 온전한 일을 하게 하는 불씨가 되도록 태양 속에서 훨훨 타고 있는 불꽃들 속으로 들어가 불을 붙인 티끌이 메시야의 나라에 부활체로 불씨 되어 다시 곧 이 땅으로 던져지리라. 할렐루야

행복한 사람

나는 행복한 사람, 아직도 배움의 시간이 남아 있어 행복합니다. 유튜브로 105세 되신 김형석 교수님의 강의를 들으면서 콩나물에 자주 물을 뿌려주면 잘 자라지만 물에 콩을 담가 놓으면 콩은 썩어 버리게 된다고 말씀하신 그 말씀이 진리다.

연세대 교수로서 걸어오신 인생길은 오늘날 같은 이 시대에 많은 사람들에게 좋은 영향을 주시는 존경받으시기에 합당하신 철학 교수님이시다. 우리나라 정부가 주사파 정권에 잠겨 있어서 발전하기보다는 퇴보해가고 썩어가는 상황에 놓여있음을 과격하지 아니하게 조용히 한 말씀, 한 말씀 본인의 살아오신 세월의 자국으로 잘 표현하여 전달하여 주셨다.

젊은 시절에는 나 하나와 내 가정만을 위하여 살아왔다면 나이 들수록 쌓아온 정신세계와 물질세계를 세상으로 내보내어 나라에 유익을 주는 삶을 살아가는 보람으로 행복의 가치를 높여 살라는 말씀이다.

어제 나는 내가 75년 동안 살아온 삶의 날 중에 최고의 가치 있는 행복을 스스로 누려본 날이라는 생각이 들어 행복하다. 내 영의 깊은 곳의 행복, 내 혼의 중심의 행복, 내 몸 세포들의 행복, 이 몸 밖으로 흘러가는 행복, 하늘에서는 영광이요 땅에서는 축복이라!...

나도 사람 멘토가 생겼네

아! 내가 하나님의 그 큰 축복을 그렇게 많이 받았음에도 불구하고 실질적으로 활용하지 못해서 아무것도 못하며 집구석에 갇힌 채 가난하게 살아온 이유를 이제 알았네. 전광훈 애국 목사님이 말씀을 전하다가 현 정부와 주사파들에 의해서 지금 형무소에 갇혀 있는 것처럼 나를 백씨 가문의 집으로 던져버려서 세상 나라 지옥에 가두시고 옥살이를 하게 하셨네. 50년 결혼생활을 통하여서 하나님 나라의 비밀을 가지고 이 땅에 오신 예수그리스도. 곧 하나님의 아들 예수그리스도가 육신으로 이 땅에 오셔서 33년을 살아오신 것처럼 나 역시도 이 세상에 여자의 몸으로 와서 백씨 가문으로 던지어서 두 아들을 낳고 살며 시댁 식구들을 통하여 물질, 건강, 사랑, 윤리, 도덕, 종교, 사상, 철학, 이념 등을 다 체험하게 하시며 생존 세계에서 살아가는 법들을 잘 배워 알게 되었고 영으로는 하나님의 나라 생명 세계를 배우며 알게 되어 영혼의 삶을 살아보게 하셨습니다.

자, 이제 내 나이가 75세가 되었지요. 이제 얼마 있지 않아서 이 세상을 떠나겠지요. 그러나 살아 낸 세월 50년을 보내고 보니 생존 세계는 조용하고 평범하게 보편적으로 감옥생활을 잘해 왔다고 볼 수 있다. 그러나 두 번째 결혼한 영혼의 신랑 예수 그리스도. 삼위일체 성령 하나님 말씀 족보의 가문으로 시집을 와서 받은 복들은 이 세상 갑부집 며느리 못지않게 42년 동안 받은 자로서 왜? 무엇 때문에 그렇게 가난한 자 같이 살아왔어야만 했을까?

그 이유가 무엇 때문이었을까? 자세히 살펴보니 이 세상 임금이 가정 감옥에 가두어 두고 풀어주지 않았었구나!. 이놈의 여자가 나의 원수요, 내가 갇혀 살아온 감옥이 이었구나! 오 내가 스스로 내게 자원하여 갇혀서 살아왔었구나!

이제 나는 입을 크게 벌려서 외치리라. 나의 첫 사람은 여자요, 마지막 사람은 남자라고 세상 임금 여자인 나는 죽고 그리스도 남자가 살아가는 여자의 몸이라는 것을 전하리라. 이 비밀을 드러내지 못하도록 사단이 가두어 두는 일을 하여 왔구나!

이제부터 나는 외치리라. 던지리라. 전광훈 목사님께서 "개 같은 년" "불알을 떼버려"라고 하신 말들이 욕이 아니라고 하셨는데 참으로 그것은 막말이 아닌 막말을 하셨던 그 말들의 의미들을 알게 된 시간이다. 드디어 나는 "남자와 여자"가 하나 된 '나'가 되었기에 "나는 나다."라고 크게 외칠 것이다. 던지면서 대부의 스크루지의 딸에서 가난한 농부의 딸로 다 쓰고 가리라. 아멘. 할렐루야!

하나님의 형상과 모양

"자칼과 네케바의 사람" 오~ 감사해라 ~ 이 세상에 여자로 태어나 살아서 있는지 죽어서 없는지 모를 정도로 매우 조용하게 살아왔다. 내가 이 땅에 태어나 25년 동안은 온실 속에 자라난 화초 같은 처녀로 우리 집 바깥세상은 관심 없이 살며 시집가서 남편과 알콩달콩 조용히 가족 식구들 사랑받으며 살면서 시부모와 형제들 잘 섬기고 예쁜 아들들 둘만 낳아 잘 기르는 "현모양처"로 사는 "꿈" 오직 그것 하나 있었는데 결혼한 지 50년이 지난 오늘 "너는 과연 현모양처가 되어 그 열매를 맺었는가. 계산해보라."

현모양처는 아니요, 평모평처의 주부는 되어있네. 평범한 엄마로 그리고 지금 늙어 사나운 아내가 되었을지라도 이렇게 가정을 잘 지키고 있는 평모평처로의 주부가 되어있는 이유를 나는 가지고 있다고 확신한다.

그 이유는 하나님 나라의 사랑을 향한 생활신앙을 가지고 살아왔기 때문이라고 자랑하고 싶다. 33살부터 지금까지 영적으로 복음 안에서 다시 태어나 42년 동안 진리의 말씀으로 성경 안에서와 자연 세계와 사람들과 책 속에서 하나님 아버지의 사랑과 공의를 배워 알게 하시며 성령 안에서 그리스도로 강물같이, 바닷물 같이 부어 주셔서 흘러 흘러 여기까지 살아왔기에 이렇게라도 살고 있을 수 있게 되었다고 입을 열어 말을 하고 싶다.

겉 사람은 여자로 이 세상에 태어나 일생을 살아왔지만, 속사람은 내 마음속 깊은 곳에서 숨어 살아온 영생자 남자아이였다. 요즈음 시끄럽게 떠들어대는 동성애 결혼법 때문에 나라가 혼란스럽고 시끄러운 것은 이 비밀을 모르기 때문이다.(롬1; 27~32)

또 요즘에는 코로나19로 인하여 세계가 난리들을 겪으며 전쟁을 하고 있는데 하나님께서 백성들이 깨닫고 정신 차리라고 사방바람을 불어 추수를 하시겠다는 약속의 말씀을 징조들로 보지 못하기 때문에 온 세계가 고통 중에 살고 있다.(마1; 1~31) 특별히 우리나라 안에서 살고 있는 그리스도인들을 향한 하나님 아버지의 사랑의 음성을 듣고 너희들은 그 바벨론에서 나와서 내 아들로서 그리고 그리스도인으로서 끝까지 아들의 삶을 살아 달라고 부탁하시는 것만 같은데, 어쩌나! 나의 생활일기라서 이번에는 내가 세상 떠나고 나면 만들어 달라고 부탁할까 했는데 아니 되겠다. 내가 살아있을 때 만들어 내야겠구나.

슬픔과 기쁨의 자화상

50년 살다 보니 눈물의 여왕이 되어버렸네. 빌레몬서의 말씀으로 설교하시는 전광훈 목사님의 심장 소리를 들으며 초저녁부터 밤새도록 눈물을 흘려가면서 또 듣고 또 듣고 기도하며 찬송을 따라 부르다가 성경을 또다시 펴서 읽고 원어를 찾아가며 공부한 후에도 잠이 오지 않아 또다시 설교를 듣고 새벽이 되어서부터는 그곳에 댓글을 달기 시작했는데 역시 눈물이 또다시 터져 울기 시작하여 지금까지도 흘러내리고 있다.

결혼하기 25년 전의 세월 동안에는 따뜻한 온실 속에서만 살았던 나를 중매로 현재의 남편과 결혼하게 되어 50년 세월 함께 살면서 두 아들의 엄마가 되었으며 제법 많은 유산 후 얻은 질병으로 말미암아 고생하며 병원과 한의원 치료를 계속해도 낫지를 않고 점점 더 깊어가던 때에 늘 우리 집에 찾아오셔서 전도하시던 집사님의 말씀이 갑자기 떠올라 스스로 내 발로 새벽에 교회를 찾아갔다. 마침 신유의 은사를 받으신 여집사님의 기도를 그 자리에서 받으면서 역사가 일어나 치료가 되었고 그 후로부터 그분의 권유를 따라 가르쳐 주신대로 새벽기도를 시작하였다.

온실 속에서만 자라난 연한 풀 같은 나를 강하게 키우시려고 이 세상 온실 속을 벗어나지 못하고 있는 나를 천사의 두 손으로 교회에다 옮겨 심어 놓으시고 성령으로 서서히 달구기 시작하셔서 은혜 속에 7년을 살게 하시더니만 결국에는 바람 부는 광야로 불러내셔서 신학교로, 교회로, 세상 어린이집으로 눈과 비와 바람을 맞으며 조금씩 강한 자로 성장하게 하셨지요.

영혼과 육신이 함께 자라가기 위한 결혼생활을 하도록 남편을 통하여 14년 전부터는 얼마나 뜨거운 훈련이 시작되는지 너무 서러웠고 슬퍼서 울면서 아버지 품속으로 들어가면 꼭 껴안아 주시고 품어주시는 큰사랑을 만나기에 기쁨으로 살아왔지요. 혼은 슬픈 여인의 인생을 살면서도 영은 기쁨의 아들로 신적 삶을 살아왔으나 이제는 혼까지도 말씀으로 강해진 내 모습을 보며 기쁨의 여인으로 눈물이 마르고 세상을 담대하게 살기 시작하여 나라를 향한 애국심까지 생겨나 유튜브로 광화문 집회를 시청하다가 전광훈 목사님을 알게 되어 많은 것을 배우고 이제는 날마다 전 목사님의 설교를 듣고 감사의 눈물을 또다시 흘리기 시작했는데 빌레몬서 설교 말씀을 받으면서 세상 모든 사람 중에는 용서할 수 없는 사람은 하나도 없다고 "모든 사람을 다 용서하라" 하시는데 지금도 남편을 외롭게 내버리고 두고 내 영혼의 남편이신 하나님 품속만을 향하여 사모하고 그리워하는 나에게 용서에 대하여 강하게 질타하시고 요구하시며 전광훈 목사님의 음성을 통하여 또 내 님을 뵈옵는 것이 곧 하나님의 얼굴을 뵈옵는 것으로 알아 이 시간 그리움과 보고픔이 해결되는 16살짜리 소녀의 사랑을 지금 노래하고 있다네요.

오메가 시대 속의 알파 증거 시작

어제 오후부터 날씨가 춥더니만 이불속에 들어가 있어도 발이 시리고 코가 찡해서 오늘 이사하는 아들네 식구들의 건강을 위해 기도하지 않을 수가 없다. 왜냐하면 코로나19로 인하여 정치적 계엄령이 내려져 있는 상태라서 매우 조심스럽기 때문이다.

감기몸살처럼 앓고 지나갈 수도 있는 문제까지도 싸잡아 코로나로 몰아서 왕따가 되는 무거운 사회적 테러가 될 수도 있어서 죄인들로 취급을 받게 될까 봐 걱정되기에 하는 말이다.

이 전쟁이 언제쯤 가야 끝이 나는지, 어제는 치과에 가서 치료를 끝내고 큰아들네 이사 갈 새집을 찾아가서 아들과 함께 교제를 장시간 했다. 점심도 사주어서 맛있게 먹으며 한마디로 말해서 모두가 행복이었다. 내게 향하신 하나님의 꿈이 50년 세월 흘러오는 동안에 삶의 과정들이 생활신앙으로 증거들이 되어 말씀 신앙으로 귀결을 내릴 수 있다는 것이 얼마나 감사하고 행복한지 모르겠다.

신앙생활인에서 출발하여 생활 신앙인으로 되기까지 영으로 육으로 살아온 두 삶의 증거들을 책으로 나타내어도 될 때가 온 것 같은 느낌이 주어진다. 자고 눈을 뜨니 새벽 2시 40분. 벌떡 일어나 3가지 sign들을 그림으로 노트에 자세히 그려 넣으면서 나를 향하신 하나님의 꿈이 내 꿈이 되어 온 사실들을 실상으로 보면서 나는 지금 나의 행복을 만난다.

결혼생활 50년 동안에 7년간은 생활인으로만 살았고 그 후 42년간은 생활 신앙인으로 살아오면서 낙서와 일기를 기록하며 살아왔는데 요즈음에는 그리스도인으로서의 삶을 살아왔고 살아가는 확인을 낙서와 일기의 기록들을 통하여 그동안 살아온 나의 과거와 기록되는 미래의 나를 이 시간에 기록하면서 나 스스로가 복을 받고 있어서 자신이 그 복으로 행복을 누리고 있다.

하나님의 꿈이 나의 꿈이 되는 사실을 증거 해줄 수 있는 소책자들로 시리즈를 만들어 내어서 가족들과 많은 사람들에게 흘러갈 수 있도록 내게 ing로 하나님 아버지께서 주신 그 선물들을 투명하고 깨끗하고 맑고 순수한 그릇에 담아서 값진 참 선물로 내어놓아 보도록 해보자. 오늘은 누가복음 13장 속에 숨겨진 뜻을 발견하게 되는 이 기쁨과 동시에 오늘까지 내 안에서 결코 떠나지 않으시고 신의사람(데오이)이 되어지도록, 키워오신 성령 하나님의 역사하심을 두 손 들어 찬양합니다.

영혼의 교제

어제 아침 예수께로 가면 나는 기뻐요. 걱정근심 없고 정말 즐거워. 예수께로 가면 나는 기뻐요. 나와 같은 아이 부르셨어요.(작사: 그로스비, 작곡: 미상) 찬송이 흘러나와 3개 복음서(마태, 마가, 누가)에서 서로 어떻게 다르게 내용이 기록되었는지를 살펴본 후 300장 찬송가를 계속 부르고 가사를 외운 뒤에 유튜브 안에서 사랑교회에서 10월 9일 한글날에 1일 금식을 선포하였기에 나도 하루 동참하기로 결심을 단단히 하고 정한 마음 상태로 기다렸지만 진정 그날이 되었는데 결국 나는 허탕을 치고 말았다. 잊지 않으려고 곱씹고 또 성령이여 도와달라고 기도까지 했건만 완전실패한 것이다.

남편의 방에 있는 전등을 예약된 시간에 교체하느라 그만 까맣게 잊고 아침밥을 먹는 바람에 실패하고 점심때부터 시작해야지 했더니만 1년 넘도록 만나지 못한 자매들이 갑자기 오셔서 또 실패했다. 오히려 더 잘 먹고 배불리 살았으니 입이 열 개라도 할 말이 없다. 하나님과의 약속도 되지만 사랑제일교회와의 약속이기도 하고, 무엇보다도 나 자신과의 약속인데 행하지 못하는 나의 의지 없음을 보며 순간 즐겁지가 않았다.

오늘 또다시 불러보니 가사가 1절만 생각나지 2.3절은 백지상태 그래서 더 이상 부를 수가 없다. 어제 금식은 실패했지만, 어린아이처럼 나는 오랜만에 한나절을 기쁘게 살았던 날이다. 마치 새장에 갇혀 있던 한 마리 새가 밖으로 나와서 친구들과 지지배배 마음껏 노래하고 자유를 누렸던 최고의 기쁜 날이었다.

어느 곳에서든지 어느 때든지 우리들의 자유를 억압하는 일이라면 슬퍼서 견디지 못하고 울 수밖에 없는 슬픈 노래를 부르는 동일한 친구들로 기회만 된다면 열 번이고 백 번이고 십자가 꼭대기 위에서 죽음과 부활을 노래하는 생명이 되는 순간을 맞이하며 참 기쁨을 찾고 확신하며 다시 우리는 각자 자기 둥지들인 처소로 돌아가는 헤어짐의 고귀한 순간이 있었기에 행복하다.

일일 금식은 오늘이나 내일 다시 해도 되지만, 우리들의 만남은 그리 쉬운 일이 아니라서 매우 값진 하루의 기쁨이라고 말을 해도 되리라. 복된 시간이었다. 항상 진리 안에서 자유의 나라를 향하여 두 날개로 날아가는 기쁨조들에게는 "깡통보다는 고통"을 더욱 귀히 여기고 살아가야만 되지 않겠냐? 고 말한 김자매의 그 말이 어제는 빛나는 금 꽃으로 내게 다가오더니 이 새벽에는 내 심령 깊은 곳으로 살며시 내려와 앉으며 그 속을 활짝 열어 나를 맞이하네. 푸토코이들의 나라는 이 세상 사는 동안에는 고통 없이는 채울 수 없다. "산상보훈의 황금률을 보라"

당신의 피리

할렐루야! 가난한 내 영혼에 아직도 부를 노래 있으니 행복하네.

"머리 위에 재앙을 쌓고 정수리 위에 포악을 쌓지 말라"는 시편 7장 16절 말씀이 내게 임한 말씀인 줄은 전혀 모른 체 묵상하며 하루를 잘 지냈건만 밤10시 45분. 대소변을 받아 치우러 갔다가 갑자기 내 가슴 속에서 끓어오르는 분노의 불덩이가 마치 화산이 폭발하 듯 일어났다. 눈 깜짝할 짧은 시간 동안에 터져버린 화산은 그만 나를 삼켜버리고 순식간에 잿더미가 되어 날아가고 말았다.

인간들은 따지고 보면 똑같다. 저 사람 속에 있는 것은 내게도 있을 것이고 내 속에 있는 것은 저 사람 속에도 반드시 있을 것이다. 표현하는 방법이 달라서 그렇지 100살을 살고 싶어 하는 사람이나 하루라도 살아 있음을 원하지 않는 사람이나 동전의 양면과 같이 동일한 하나일 것이다. 순식간에 화산폭발로 재가되어 날아간 나의 푸쉬케 몸인 세상.

내 머리 위에 쌓아놓은 재앙과 내 정수리 위에 쌓아놓은 포악이 순식간에 재가 되고 먼지가 되어 날아가 버렸네.

오, '가난한 내 영혼이여' 오늘도 비울 수 있기에 채울 수 있는 십자가의 능력으로 당신의 사랑이 멈추지 않고 끝이 나지 않아 아직도 흐르고 있기에 나는 또다시 일어나 이렇게 새 노래를 부를 수가 있다네.

납덩이가 황금으로 변하게 하는 연금술사의 절대 논리 앞에서 죽음과 부활의 노래를, 사망과 생명의 노래를 저주와 축복의 노래를!.

내 영혼의 창조자

매일 매 순간, 옛 세포는 떨어져 나가고 새 세포가 생성되어야 살아있는 사람이듯이 나의 영혼도 마찬가지로 매일 그리되어야 살아있는 영혼의 사람이라고 말할 수 있으리라.

요즈음 보름이 넘도록 인생의 마지막 고갯길을 오르락내리락하면서 산다는 것이 쉬운 일이 아니었듯이 죽는다는 것도 역시 심히 가벼운 일이 아님을 알기에 지나온 내생의 삶을 다시 한번 살펴보며 오늘도 새롭게 일어서 본다.

"보이는 세상에서 보이지 않는 세상으로의 귀환" 섭취에서 시작하여 배설까지, 채움으로 시작하여 비움까지, 그동안 일상생활 속에서 자연스럽게 먹고 마시고 싸며 살아왔던 생식의 일상이 요즈음 닥쳐온 일들로 인하여 전쟁을 치르며 깊은 생각의 통로를 열어 놓지 아니하면 하루의 일상 숨 고르기도 힘들어질 것이다. 이 세상 끝날까지 인생은 지지고 볶으면서 사는 것이 보편적 삶이라면 이것까지도 사랑이라고 인정해야만 되리라.

"삶이란 사랑을 배우기 위함이요 사랑이란 몸을 이루기 위함이라." 출생에서 요람에 이르기까지 일어나는 모든 생사화복의 일들을 통하여 배우고 익히어서 눈으로는 보이지 않지만 결국에는 사랑의 본체인 본질의 몸을 이루어 가는 삶이로구나.

아, 그래서 { 앎 → 삶 → 사랑 } 이라고 만들어 보는 이 등식은 모든 앎과 삶이 녹여져 들어가 있는 생명 에너지원으로서 만들어 놓은 사랑이라고 볼 수 있으리라.

오, 사랑이시여! 그대는 나의 영원한 동반자 어제는 너무 힘든 날이었죠, 내 영혼 속 깊은 곳에서 나를 때마다 분초마다 달아보시며 새롭게 창조해 가시는 그 사랑이 있으니 감사합니다. 더불어 내 심령 깊은 곳에서는 새로운 언어의 창조자로 살아계셔서 늘~ 함께 하시오니 나는 진정 행복한 사람입니다.

차라리 지금이 좋다

내 영혼이 맑고 깨끗해서 좋다. 남편에게 기저귀를 갈아 채워주고 몸을 닦아주는 일을 해도 예전보다 지금이 더 편하고 쉬운 일로 여겨진다. 왜그러냐 하면 그동안에는 남편의 대소변 처리를 깨끗하게 청소하며 정리 정돈하면서 살아왔기 때문이다.

그 일들로 육체는 힘들었지만, 더욱 견딜 수 없었던 것은 내 마음과 정신이 피폐하게 되어버린 십 년의 세월이 흘러왔기 때문에 힘들어했고 무거웠으나 몇 일째 하는 이일은 가볍게 여겨진다. 침대에 누워 대소변을 받아내는 편이 훨씬 간단하고 깨끗하니 내 마음도 단순해지며 정신도 밝아진다. 그래서 과거의 나로 돌아간 것 같아서 좋다. 마음과 정신이 밝고 깨끗했던 순수했던 그 시절로.

9월 9일 고대병원에 가서 치료받고 깨끗하게 나아서 지금처럼 살았으면 좋겠다. 밤하늘의 떠있는 보름달처럼 맑고 깨끗하고 투명하게! 달빛 아래 비추어지는 세상처럼 조용하고 고요하게 살고 싶다. 내일은 또다시 태양이 떠올라 태양 빛 아래에서 피 흘리며 수고하는 삶의 전쟁터에서 다시 살게 된다 할지라도 나는 차라리 지금이 좋다.

또 한가지 나의 소원이 있는데 그것은 우리나라 안에서 일어난 아수라장같이 되어있는 아비규환의 지옥 같은 모습을 보며 이 환란 속에서 하나씩 정리정돈이 잘 되어서 두 번 다시 이러한 불 속에서의 담금질이 없게 되는 자유민주주의 대한민국의 건국이념으로 돌아가 다시 신뢰받는 정부가 되어 모두가 내가 누리고 있는 것처럼 나라 안에서도 참 고요가 다시 찾아와 애국 백성들 모두가 함께 누렸으면 좋겠다.

첫사랑 회복

전광훈 목사님 설교 말씀 "한 시대를 주도해 갈 수 있는 능력"을 들으면서 선지자의 권세, 제사장의 권세, 왕의 권세가 성령의 기름으로 부으시니 나를 가르치실 분은 오직 성령님 한 분이며 아무도 우리를 가르칠 자가 없다는 사실을 밝히셨으며 모든 것을 볼 때 '본질과 현상' 이 두 가지로 보게 된다는 사실을 드러내셨고 또 성경을 가르쳐 알게 하시는 일도 그분이 직접 가르쳐 주신다는 말씀을 오늘 설교 속에서 간증으로 드러내 보여주셨는데 순수하시고 우직하시어서 진솔하게 전해주셨네.

하나님 아버지께서 직접 낳으시고 직접 양육하여 길러내신 귀한 분으로 목사님을 이제라도 사람 목자로 인정할 수 있을 만큼 확실하게 증거로 밝혀 주시어 뵙게 되었으니 감사의 눈물이 어찌 흐르지 아니할까. 나는 새 힘이 솟구쳐 눈물 나게 감사한다. 이제는 연약에서 완전히 벗어나 강력한 진으로 살게 될 것이다.

나는 본질로 영 안에서 하나 되어 분명하게 살게 된 것과 "저 목사는 너에게 받아들여야 할 사람 목자이시다."라고 지난해 12월 8일 광화문 광장으로 구경하러 나갔을 때 나의 뱃속 깊은 곳으로부터 올라와 들려주셨던 그 말씀이 이제는 확실히 거짓이 아니었고 의심할 수 없는 진실한 미래 사실의 말씀이었음을 증거로 나타나진 것이다.

이제는 확실히 믿어진다. 나 역시도 33살 1978년 4월에 김충기 목사님을 모시고 우리 교회 안에서 부흥 집회를 할 때 방언이 터졌다. 우리

교회는 방언, 예언, 신유 은사들을 싫어하고 오직 성경공부와 교제, 전도
에만 힘쓰는 목회였다. 오늘까지 내가 걸어온 신앙의 길을 뒤돌아 보니
성령으로 내게 강력하게 주셨던 그 은사들을 소멸시키지 않고 주를 위해
오직 주로 인한 삶에만 전목사님처럼 일심전력하여 사역의 삶을 살았더
라면 지금의 모습은 아니었을 거라는 후회도 해본다.

　나는 교회에서 미쳤다라는 소리를 듣는 것이 죽기보다 싫어서 그 교회
의 법에 충실하여 성경공부와 교제하는 삶에 중심을 두고 살아왔다. 성
령의 은사들을 소멸시키지 않고 교회 안에서 기도와 간구의 생활을 계속
했더라면 교회지도자로 성공하여 칭찬을 받으며 살아왔을 거라는 생각
을 해본다. 생각은 자유니까!

　아마도 전목사님 같으신 목사님을 만났더라면 강하고 담대하게 열심
히 살아 영육 모두 헛되게 살지 않고 가치 있게 남길만한 귀한 업적을 조
금이라도 남겨 놓을 생을 보냈으리라 생각을 해보니 아쉽다는 마음도 들
기는 하지만, 그러나 괜찮다. 40년 세월 동안에 모르고 살았지만 대한민
국 교회 안에서 전목사님이라는 분을 통하여 이 시대적인 역사를 보편화
시켜 놓으셨기 때문에 이제는 겁내지 않고 두려움 없이 나도 당당하게
내게 주신 은사들을 성령의 기름 부음으로 다시 회복하여 몸은 늙었지만
마음껏 내 육체가 살아있는 날들 동안에 충성하며 영혼의 노래를 부르며
살다가 기쁨으로 행복하게 떠나게 될 것이라 믿는다.

부활 생명체

실천으로 옮기지 못할 일들이라면 꿈도 꾸지 말고 살아야 했으리라. 세상에서의 삶은 도덕과 윤리 차원 수준이라서 사람들이나 사회법으로 대가를 치르면 끝이 나지만 영적인 일이라는 것은 그렇지 아니하기 때문이다. 하나님과의 관계성이거나 다른 사람과의 관계성에서 해결해야 할 일들이라고 하겠지만, 이것은 참으로 내가 나를 속이며 살아온 나의 삶의 대가라고 본다면 땅을 치고 울어도 해결할 수가 없을 것 같다.

내 안에 빛으로 오셔서 나를 비춰주시면서 인생이 살아가며 지은 모든 죄악을 소멸하고 태워 재가 되도록 하셨건만 우리는 그 큰사랑과 자비를 농락하며 오히려 장난질 치며 노리개 삼아 자기 쾌락에 빠져 살았다고 생각해 보라.

몰라서 그리 산 것은 어찌할 수 없다고 하겠지만 알고 있으면서도 내 육체와 내 자아처리를 하기 싫어 회개하지 않고 그리 살아온 것들에 대하여 철저히 회개하도록 주신 은사들을 땅에 묻어버리고 소멸시켜 버리고 살았던 안일함과 게으름과 다른 사람들의 시선을 의식하고 두려움 때문에 포장하고 살아왔던 자아의 나를 지금 봅니다.

아버지. 이렇게 선악 세계가 무서운 사탄의 세상인 것을 눈앞에서 보게 하시오니 감사합니다. 처음 사랑이 시작되었을 때 쏟아부어주셨던 그 모든 은사를 42년 세월 동안에 소멸하며 살아온 결과는 위선의 옷을 입은 것밖에 무엇이 남았나요. 수고함 없는 육체의 안일과 편함 뿐입니다.

아버지여, 여기서 마지막 알을 깨고 나오는 부활을 시켜주세요. 전광훈 목사님과 사랑제일교회의 신앙생활 하는 모습을 8개월 동안 유튜브로 함께 했지만, 오늘 아침에 드디어 신앙생활 하려는 자는 반드시 성령세례를 받아야만 되는 이유를 깨달아 알 수 있도록 내 가슴 속에 성령으로 말씀의 칼을 대고 대수술을 하셨습니다. 전목사님의 육성을 통하여 시퍼렇게 갈아 놓으신 말씀의 예리한 칼날로 말입니다. 성령세례를 세게 받아야 강남 예수로 살지 않는다고요.

그렇습니다. 아버지여, 방언 기도를 되살리고 예언 기도를 되살리어 42년 숨죽이고 살게 했던 성령을 소멸한 죄과에서 벗어나 참 자유자로서의 충성일꾼으로 되게 하옵소서! 그래서 단 3개월 만이라도 아니, 연장하여 1년 만이라도 주의 일 하다가 떠나게 하옵소서! 이 삶만이 "나를 나" 되게 하는 그 완성을 향하여 이루어 가는 삶이라고 말하고 싶어요.

책 성경과 심비 성경

세상에서 말하는 도덕과 윤리로서의 죄는 성서에서 말하고 있는 죄가 아니다. 오직 성경을 바로 알지 못하고 또한 성경을 영으로 읽어 내지 못하여 깨달아 알지 못하는 사실이 죄라는 뜻으로 여긴다. 이것이 죄악이요, 큰 빚을 지며 살아가고 있는 일이라는 사실을 드러내 주고 있음을 알자. 그래서 성경을 진리의 영으로 읽어 내려가지 못하고 있는 그 상태가 죄를 짓고 있는 삶이요, 진리의 사실들이 내 안에서 빛으로 떠오르면 나는 미치겠습니다.

성경의 저자이신 성령 하나님이시여! 성령세례를 퍼부어 주사 마지막으로 나를 이 죄과에서 벗어나도록 해방시켜 주세요. 성경을 상고하지 않아서가 아니며 다독으로 읽히지 않아서 입니다. 정독의 은혜는 넘치는데 다독의 은혜는 늘 실망입니다. 내 안에 심비의 성경은 살아계셔서 오늘날까지 말씀하시고 있는데 왜 성경책이 열리지 않는 것인지요.

1978년 6월 23일 새벽기도 시간에 말씀하셨잖아요. 내가 너에게 성경 66권을 주어 너로 하여 "성경 박사"를 만들어 줄 터이니 조금 있으면 누가 너를 데리러 올 터이니 때리면 맞으라. 참으라. 기다리라. 라고 하셔서 "네."라고 대답하지 않았습니까?

그리고 난 후 조금 있다가 지금은 고인이 되신지 오래된 임권사님이 오셔서 내 등을 때리시면서 사탄아 물러가라. 라고 온 성전을 뒤집어 놓지 않았었습니까.

사람을 때리는 하나님이 어디 있더냐? 네가 하나님이고 저가 사탄이란다 라고 분명히 내 속에서 말씀 해주셨었는데 교회로부터는 오히려 멸시와 천대 속에서 사탄으로 주목이 되어 왜 내가 교회를 다녀서 이런 천대를 받는 것일까 싶어서 교회를 포기하려 했지만, 오히려 교회 생활을 입 다물고 조용하고 조심스럽게 다녔다.

그 많은 영적 체험과 은사들을 다 소멸시키고 오직 성경공부 하나에만 집중하며 그 침례교회의 규례만을 따라 살았다. 6월 28일에 김충기 목사님께서 오셔서 오히려 참을 증거 하시고 위로해 주시며 찬송만 많이 하시라고 하시며 부흥회가 있어서 같이 함께 놀아 주지 못해 미안하다 하시며 가셨던 김목사님 부부가 이제야 고맙고 그립습니다. 그때 그러한 그 시절이 내게도 있었다.

신유 은사자를 통하여 의학으로는 치료되지 않았던 질병에서 고침을 받고 그분의 권유를 따라서 순종함으로 새벽기도를 시작한 지 3개월이 되었을 때 첫사랑을 뜨겁게 했던 그때 그 당시의 일이었다. 너무 생생하다. 지금 일어난 일과 똑같은 느낌이다.

그런데 왜? 책 성경이 읽히지 않는 것인지 도무지 이해가 되지 않았으나 때를 기다리고 내게 주신 은사를 따라 성경을 정독하는 그 기쁨으로 살아왔지만 다독하는 일에는 늘 작심삼일로 끝을 내게 되므로 포기하고 세상 떠날 때까지도 아니 되겠구나 싶어 아예 포기하고 말았으나 8개월 전에 광화문 애국 집회에 나갔다가 "전광훈 목사님"의 설교 말씀을 듣고 돌아와 그 후로부터는 계속 유튜브로 들어가 말씀 듣기를 소홀히 하지 않았다. 그러다 보니 나는 못고칠 병에 걸리고 말았다고 말할 수 있는 정도로 한 떡, 한영, 한 몸, 된 '나'라는 중독에 걸려있다고 말할 수 있게 되었다.

오히려 나는 감사, 감사한다. 이제부터는 최선을 다해 주께서 네게 주신 은사를 따라 충성하는 일 밖에는 내가 할 일이 없겠다는 결론을 내리게 되었다. 설교는 전목사님의 설교 메시지들로 만족하고 영혼의 삶은 네가 걸어온 성장일기들을 책으로 묶어서 서로 나누며 흘러가도록 물 골을 터주기만 하면 될 것 같다.

고린도 전서 12장과 13장 안에서 성경 66권이 다 풀려나오도록 너의 입술에 물려준 예리하게 갈아 놓은 칼 같은 삶의 말씀들을 내어놓도록 하라. 내가 너에게 42년 전 1978년 6월 23일 새벽에 네 속에서 내 입으로 말해주었던 그 약속이 참이었었는지 거짓이었었는지를 이제는 확인해 보라. 참과 거짓의 영의 실체를 분명히 밝히고 드러나도록 해서 확증하여 책 성경과 심비성경을 헤아려 똑똑히 볼 수 있도록 하여 살아계신 하나님께 영광과 찬양이 넘치도록 하게 하라. 그리하여 사람 속에서 영들이 살아나게 하라. 아멘.

눈물만이

구슬 같은 눈물이 뚝~뚝 떨어진다. 어떻게 하여 이 내 가슴속 깊은 곳에서 오늘날까지 이 생명 나무 한 그루를 이렇게 키워내셨을까! 하늘과 땅을 덮으시고 이 영원한 불사의 생명 "생명 나무 한 그루" 그 이름 아름다워라! "예수 그리스도의 생명"

아버지와 아들과 성령 안에서 물과 피로 하나 되어버린 그리스도 생명 하나. 이 세상이 불타 사라져도 내 목숨이 재가되어 날아가더라도 빛으로 존재하는 영원한 불사신 성령이시여!

내가 어릴 때 안방 안에 있는 다락문을 열고 그 앞에서 두 손 모아 서서 빌며 기도하시던 엄마의 모습이 영상처럼 스치고 지나갑니다.

안방 다락에 감춰 두시고 삼 남매에게 복을 주시라고 아침마다 빌고 빌던 당신의 기도가 내 가슴에 응답으로 떨어졌나이다. 이 땅에서 잘 먹고 잘살아 세상 성공을 이룸이 아니요, 내 영혼의 세상 안에 숨겨진 땅(물)에 새 창조의 세계로 진입하는 새 하늘과 새 땅에 만물들을 하루하루 창조해 오셔서 결국에는 오늘을 맞이하게 하셨나이다. 새로운 생명의 세계를 창설하시고 두루 다니시며 '내가 너를 보면 내 마음이 심히 좋다'라고 말씀하시는 주의 입술을 뵈옵나니 나는 살아있네.

이렇게 떨어지는 두 눈의 눈물, 이것 밖에는 보이는 것이라고는 아무것도 없습니다. 아버지 하나님이시여! 아들 예수그리스도시여! 어머니 성령님이시여! 사랑이시여!

기적중에 기적

흥얼거리며 가사를 알 수 없는 노래가 올라온다. 찾아봐야지. 망했다, 죽었다. 라고 말하기보다는 잘 살았다. 라고 나는 말해야 하리라. 본래 내 것이 무엇이 있었던고, 20만 원짜리 방 한 칸 얻어 놓은 것도 6부 이 자를 내는 중이라는 사실을 시어머니 입술을 통하여 알게 되었던 것이 아니었던가! 거짓에 속임 당하고 시작했던 결혼생활이었으나 돈과 가난 의 환경이 문제가 아니라 참과 진실을 알아야 했던 찾음이었고 진실한 삶에 대해 알고 싶은 갈급함 때문에 고통 하며 본질적 문제를 해결하며 살고자 하는 내 안의 욕구가 늘 꿈틀거려 그것이 50년 세월 동안에 내 가슴이 멍들어 힘들게 살아온 원인이 아니었나 싶다.

어제 있었던 그 비참한 모습. 또 한 장의 영상필름이 나왔네. 그 거짓 된 행동이 정말로 비참하리만큼 추하고 더러워 내 눈을 감아버림이 차라 리 나았으리라. 그러나, 위선의 탈을 쓰고 행동하는 그것에 대하여 어찌 나 분노가 끓어 올라오는지 마음 안에서 그만 저주를 퍼붓고 말았다.

한치도 변함이 없는 존재다. 라고 예전이나 지금이나 어찌 그리도 똑 같은 그 상태로 살고 있을까? 와, 한치도 변함이 없네. 있을 것이 있을 곳 에 있게 하는 역사가 하나님의 역사로구나! 50년을 함께 살아왔다는 것 은 기적중에 기적이로다! 나 역시 한치도 변함없이 인간 근본 존재의 본 능이 똑같으니까 이렇게 살고 있는 것이겠지!

50년, 500년, 5000년, 50000년이 흘러가도 여전히 나는 "나"로 존재하겠구나! 요나서를 깊이 묵상하면서 성경책 속의 기록되어 있는 '요나서'가 오히려 나의 심비의 성경 안에 새롭게 새겨지는 시간이로다. '요나의 표적' 한편으로 기록되어 남아 있기 위한 표적 중의 표적이었음을 찬양하리라. 할렐루야! 아멘. 할렐루야! 감사. 감사.

두 날개

하늘은 하늘이고 땅은 땅인 것처럼 하나님 나라의 사랑과 공의라는 두 날개와 세상 나라의 공의와 사랑이라는 두 날개는 완전히 다르다. 하지만 나는 '다르다'라는 표현보다 더 나아가 전혀 '아니다'라고 단호히 말하고 싶다. 성경에서 말씀하고 계심은 더욱 분명하여 논쟁할 필요가 없지만 내가 50년 동안 한 인간으로 결혼생활이 시작되면서 세상을 알게되었고 나는 도대체 무엇인지를 삶의 현장 속에서 값비싼 대가를 치르고, 싸우며 거두어들인 열매의 "언어들"이라고 인정하고 싶어서이다.

오늘 아침 새벽에는 "공의"에 대하여 확인해 보고자 성경에서 깊이 나타내 주시고 드러내어 표현하신 말씀들을 살펴보면서 나는 내가 벙어리도 아니면서 벙어리로 사는 지금의 나를 본다. 속은 다 썩어있지만 한 올의 흙이 되어있는 상태는 아닌 것 같은데, 입 벌리고 있는 조개를 건드리면 즉시 오므라드는 조개의 입술 같은 벙어리처럼 되어 살고 있다. 하지만 내게 이 시간 "하늘을 날고 있는 새의 두 날개를 바라보라."라는 이미지 언어가 떠올라 즉시 일어나 성경에 기록된 '공의'에 대한 성구들을 찾아보았다.

논산에 살던 4년 전 그 어느 날부터 '공의'에 대한 실제적 분별력을 키워가시는 사랑의 손길을 체험하기 시작했었는데 요즈음에 와서는 냉철하고도 무감각한 모습으로 남편의 영혼을 대하고 있는 나를 보면서 일말의 양심의 거리낌이나 가책도 없이 당당하게 살고 있으니 이렇게 사는 것이 도대체 무엇 때문인지 더욱 궁금해서 새벽 4시부터 말씀을 열고 그 근원을 찾아 들어가 기도하는 마음으로 공부를 하고 있을 뿐인데 이사야 55장 8~9절에서 "다르다"가 아니라 "아니다"라는 사실을 원어로 확인하여 알게 하심으로 답을 얻고 난 후에 성구 사전에 나와 있는 구절들을 통하여 성경 속에 기록되어 있는 '공의'를 찾아가며 상고하여 살피며 묵상 중에 내 영혼이 가야 하는 길을 만났다.

"사랑과 공의" 몸을 중심으로 하여 왼쪽과 오른쪽의 양 날개, 이 공의와 사랑의 날개는 크기와 넓이와 높이와 길이가 같아야만 균형이 잡혀서 높이 잘 날아갈 수 있다는 것이다. 더하여 색깔만큼은 같지 않아도 된다는 보너스까지 얻었으니 그렇습니다. 맞습니다.라고 중얼거리며 창세기 1장에서의 날들을, 그리고 선지자들의 말과 복음서의 글들을 찾아 살펴보며 즐겁고 행복했습니다.

아침 식사 후에도 계속 이렇게 살아가야지! 이제 나는 이 세상에서 살면서 재미있고 의미 있는 것이라고는 찬양하고 기도하고 공부하며 영혼의 교제를 나눌 수 있는 삶보다 더 좋은 것은 없으니 부부가 소통할 수 없는 이 환경에서는 점점 더 벙어리가 되는 것이 그래도 좋다. 하나님 사랑과 공의는 핍박과 박해를 당하면 당할수록 더욱 참과 진실의 나팔을 불게 되고 인간의 사랑과 공의는 핍박과 박해를 당하면 당할수록 더욱 거짓과 허탄으로 속이고 비겁해진다.

영적 전쟁을 위하여 살자

영과 혼과 몸이 하나 되는 상태에서 한없이 눈물이 흐른다. 앓는 소리를 내며 뜨거운 눈물이 떨어진다. 호흡이 멈추는 것 같은 그러한 감각의 애끓음의 표현이랄까. 여전히 눈물이 계속 떨어지고 있다.

여기를 보아도 저기를 보아도 목소리를 높이며 싸우는 전쟁터로 개인과 가정과 사회와 교회와 나라와 국가와 세계가 크게 갈라져 전쟁 중이다. 도대체 인간들이란 무엇이기에 이리도 싸우는 전쟁 역사를 창조하고 있는가. 온 세상이 왜 이렇게 소리 질러 싸우며 산다는 말인가!

나는 속히 이 전쟁터를 벗어나 바람처럼 사라지고 싶다. 아비규환의 상태인 이 세상이 싫다.

정말 싫다. 살아있다면 곧 여기가 지옥인데 다른 어느 곳에서 지옥을 찾아보겠는가.

지금 우리는 이 실체를 볼 수 있어야 한다. 이 세상이 입 벌리고 삼키려 하는 사단의 궤계와 모략, 곧 마귀들이 들끓어 사방으로 전쟁을 일으키어 이 땅을 싸움터로 만들어 가고 있는 흑암의 어두운 대륙이 곧 지옥세상이다. 이 어두운 세상을 빛으로 물리쳐 밝은 세상 만들어 보겠다고 애쓰고 있지만 힘겨운 전쟁이로다.

나 한 사람 속에 빛의 나라가 이루어지기까지도 전쟁이었고 내 가정 한가정 속에도 빛의 나라가 이루어지기까지도 전쟁이었듯이 교회도, 사회도, 나라도 지금 겪고 있는 심한 전쟁을 치르고 있는 것을 보며 차라리 두 눈을 조용히 감고 바람처럼 사라지고 싶은 마음뿐이다.

1978년 그 어느 날 비유와 비사로 내 안에 계신 성령께서 말씀해 주셔서 지금도 환하게 보고 믿으며 살지만 경기도에 있는 관광지 두 곳을 천국과 지옥으로 비유해 주시면서 삶의 현장을 42년 동안 살아내게 하셨는데 요즈음 8개월을 더 실감하며 현실에서 불길처럼 일어나고 있는 전쟁(정치, 경제, 종교)을 보기도 하지만 특별히 기독교 안에서 일어나고 있는 전쟁을 눈여겨보면서 너무 슬퍼서 보고 싶지 않은 전쟁이라 왜 이렇게 오래 살아서 봐야 하나 속히 바람처럼 사라지고 싶은 것이다.

나는 이 생명의 복음이 내 생명보다 더욱 귀하다는 것을 알아 도둑맞지 않으려고 항상 내 가슴속에 간직하고 파수꾼처럼 지키며 살아왔기에 가난한 심령으로 거지처럼 살아온 세상이다. 밟으면 밟혔고, 때리면 맞았고 죽이면 죽고 살아온 세월이라, 그래서 사람으로 인정받을 수도 없었지만, 길가에 풀 한 포기요. 들에 핀 민들레꽃 같은 존재로 살아온 자라 오늘 같은 대한민국의 일어나고 있는 이 전쟁을 보면서 특히 사랑제일교회와 전광훈 목사님의 부르짖는 복음을 향한 몸부림의 외침 소리에 내 영혼은 외롭지 않지만 그들과 함께 동거동락 못하고 있는 나를 보며 아프다.

이 전쟁터에 나가서 함께 싸우지 못하고 있는 나의 현실 때문에 유튜브 안에서 첫사랑을 회복하는 교회신앙을 광화문 교회로 삼고 살고자 하여 사랑제일교회의 움직임에 관심을 가지고 내가 이 땅에 살고 있는 남은 날들을 영적 전쟁을 위하여 살아 진정으로 의미 있는 삶을 하루라도 살아 나타내어 보고 떠나리라 다짐해 본다.

내 아버지는 빛이시라

혼들이 내게 찾아와 형님! 빨리 와, 엄마! 다른 출판사에게 원고를 계산 없이 넘겨주려고 했어? 아들이 묻는다.

아~ 하나님은 분초마다 내가 숨 쉬고 생각하고 기도하는 내용을 어찌다 아시고 계심을 내게 이렇게 드러내시어 주시는가. 시편 139편의 말씀으로 인장을 찍을 수밖에 없도록 하시는구나. 내 안에서 살아계신 그리스도의 영은 어찌 내가 생각하고, 행하려는 이 마음을 다 드러내셔서 당신의 발 앞에서 당신의 뜻과 의지와 견해를 보게 하시는지요.

너의 그 순수한 계산은 백번이나 옳은 일이지만 세상은 그런 세상이 아니야 모두가 다 계산이요, 서로 이용하며 살 수밖에 없는 이 세상 체제로의 구성이니 내가 너로 하여 분별하여 세상을 똑바로 보게 하는 일이란 말이다.

그러하니 너는 나만을 바라라. 하늘은 하늘이 노래하고 땅은 땅이 노래하는 것이야, 알았니.

시편 19편을 통하여 노래합니다.

하늘이 하나님의 영광을 선포하고 궁창이 그의 손으로 하신 일을 나타내는도다. 날은 날에게 말하고 밤은 밤에게 지식을 전하니 언어도 없고 말씀도 없으며 들리는 소리도 없으나 그의 소리가 온 땅에 통하고 그의 말씀이 세상 끝까지 이르도다. 하나님이 해를 위하여 하늘의 장막을 베푸셨도다. 해는 그 신방에서 나오는 신랑과 같고 그의 길을 달리기 기뻐하는 장사 같아서 하늘 이 끝에서 나와서 하늘 저 끝까지 운행함이여 그의 열기에서 피할자가 없도다.

여호와의 율법은 완전하여 영혼을 소성시키며 여호와의 증거는 확실하여 우둔한 자를 지혜롭게 하며 여호와의 교훈은 정직하여 마음을 기쁘게 하고 여호와의 계명은 순결하여 눈을 밝게 하시도다. 여호와를 경외하는 도는 정결하여 영원까지 이르고 여호와의 법도 진실하여 다 의로우니 금 곧 많은 순금보다 더 사모할 것이며 꿀과 송이 꿀보다 더 달도다. 또 주의 종이 이것으로 경고를 받고 이것을 지킴으로 상이 크니이다. 자기 허물을 능히 깨달을 자 누구리요 나를 숨은 허물에서 벗어나게 하소서 또 주의 종에게 고의로 죄를 짓지 말게 하사 그 죄가 나를 주장하지 못하게 하소서. 그리하면 내가 정직하여 큰 죄과에서 벗어나겠나이다. 나의 반석이시요 나의 구속자이신 여호와여 내 입의 말과 마음의 묵상이 주님 앞에 열납되기를 원하나이다.

양귀비 꽃

드러내지 못하고 숨기어 놓고 키워야만 볼 수 있는 꽃을 보면서 표현할 수 없는 탄성이 터져나온다. "오, 바로 저거야!" 내 가슴 깊은 곳 안에서 피어나고 있는 "이 생명의 꽃 한송이" "그리스도 생명이시여" 올해도 지금 활짝 피었습니다.

그대여! 정부와 관청에 들키지 않도록 나는 "테레오" 할거예요. 아무쪼록 잘 익은 씨들이 되어 나올 때까지는 내 가슴속 깊은 곳에 꼭~ 품고 숨기며 그때를 기다릴게요. 귀한 것은 귀한 것으로 천한 것은 천한 것으로 더러운 것은 더러운 것으로 깨끗한 것은 깨끗한 것으로 더하여 구별되어 심판되는 그날이 올 때까지 "그대로 두라." 말씀하신 성경 요한계시록 22;11의 그때를 봅니다.

보라! 내가 속히 오리니. 아멘. 주 예수여! 속히 오시옵소서! 마라나타

활동할 영역을 찾자

며칠 전부터 가슴이 참을 수 없을 만큼 아파서 어떻게 할 수가 없었다. 병원으로 실려 갈 수도 있어서 정신을 똑바로 차리고 있어도 온몸이 치가 떨리듯 흔들거리기까지 해서 어떤 반응을 보일 거라는 사실을 알면서도 그래도 아파서 저절로 남편에게 가서 내가 너무 아파죽겠다고 해도 누워서 쳐다보고만 있다. 오히려 자기 뒤꿈치만 더 아프다고 하니 들락날락하다가 차라리 당신이라도 오히려 편하게 조용히 자라고 오랜만에 기도해주고 내가 아픈 것을 알려 주었으니 무슨 더 할 것이 있겠는가 싶어 나왔다.

한시도 쉬지 않고 통증이 굳어져 있으니 병원에 가야 하겠지만 또 참고 또 참고 시간 이겨내기를 하면서 있다. 오늘 이 시간에는 통증이 많이 가라앉은 것 같아 일어나 내 방 청소 좀 하고 누워서 기록한다. 삼일 동안의 일을...

육체가 살아있는 동안에 숨거두기 전까지는 일하고 살아야 하는데(특별히 복음을 전하고 살고 싶은데) 이렇게 육체를 놀려 두어야 하겠는가. 늙고 아플수록 복음을 위한 일을 하며 얻는 내면의 그 기쁨으로 살고만 싶다. 내 속에서 흘러나오는 레마의 말들을 알아듣고 함께 더 좋은 본향을 향하여 길을 갈 수 있는 자들이 되게 하는 영혼의 일을 하다가 가면 참 좋겠다.

예배합니다

하나님 아버지여! 감사합니다. 하나님께서 성령으로 내 마음속 깊은 곳 안에 찾아오시어 아버지의 품속에 있으셨던 귀한 아들인 독생자 예수 그리스도가 사람의 몸으로 이 세상에 오셔서 십자가에서 죽으시고 무덤에서 부활하시어 승천하셨다가 다시 말씀의 몸으로 이 세상에 오셔서 생명의 씨로 살아 계시더니 어떻게 내 마음 밭에 심어주셨는지요.

이것은 하늘로부터 온 선물이니 마음으로 받고 온몸으로 네 육신 생명 다할 때까지 이 아들 생명 하나만을 사랑하고 죽기까지 충성하라고 말씀하셨던 그 약속의 말씀. 그 약속을 어음으로 받고도 미칠 듯 좋아 새벽을 사모하고 날마다 때마다 기다리며 은혜로 살았던 그 첫사랑의 시절을 기억하며 42년 세월 동안 광야 세상을 지나오는 동안에 외롭게 살았습니다.

나에게 너는 지금 무엇이 되어 어디에서 어떻게 살고 있느냐고 물으시는 것만 같습니다. 네. 나는 당신을 만나서 나의 영은 행복했습니다. 그러나 나의 혼은 혼란스럽기도 했고 슬프기도 하였고 기쁘기도 했었습니다. 빛과 어둠이 공존하여 낮과 밤을 싸우며 살아왔기 때문이지요. 그리했기에 나의 육신은 세상 사느라고 괴롭고 고달프기도 했었지만 참으로 더욱 힘들었던 것은 슬픔과 기쁨이 늘 교차하며 마음과 정신과 혼이 힘들게 살아온 세월이었습니다.

그러나 이제 그 광야 생활은 끝을 내고 새 하늘과 새 땅 안으로 이사를 왔습니다. 사탄과의 전쟁이 끝난 영과 혼과 몸이 하나 된 그 거룩한 몸으로 예배하며 살아가는 삶의 시작을 성령께서 이렇게 환경으로도 인도해 주시고 계십니다.

나는 마지막 사랑을 확인합니다. 약속어음의 사랑을 받고도 그렇게 행복했던 첫사랑 시절이 이제는 현찰로 바꾸어 마음껏 쓰며 사는 사람이 되어 부러울 것이 없는 상태로 되어진 심비의 살아있는 성경 곧 영원한 사랑을 하며 살게 되어 참 행복합니다. 육체도 안식이요, 혼도 안식이요, 영도 안식으로 셋이 하나 된 평안의 안식을 누리는 이것이 지금 내가 살아있는 안식일이라. "나 있는 곳에 너희도 있게 하리라" 이 말씀 안에서 지금도 찬양으로 예배합니다.

성령이여 나에게 임하여 주옵소서 주님의 큰 능력을 내 심령 속에 주님은 생명수가 마르지 않는 나를 다스리시는 나의 구세주 성령이여 나에게 임하여 주옵소서 주님의 큰 능력을 내 심령 속에서 찬송합니다.

하늘 마음의 편지를

'빨간 단풍잎 하나' 이 친구를 그리움으로 만나 영혼으로 사랑하게 하시오니 감사합니다.

지금은 만 가지 꽃들이 피어있는 봄철인데 오히려 빨간 단풍잎 하나로 살고 있는 가을 친구인 이 친구를 만났습니다.

가을을 상징하는 죽음의 그림자 계곡을 지나고 있는 육신의 자녀인 작은 아들은 지금 가을 인생길을 걷고 있다구요? 네. 그렇군요. 맞습니다. 그러나 육신의 어미로서 위로해 줄 수 있는 그 어떠한 말과 힘은 하나도 없습니다.

'너의 죽음은 저의 생명이다.'라고 말씀하셨던 주님! 1990년. 30년 전에 약속하셨던 그 말씀이 기억되네요. 오늘 새벽에는 '너의 생명은 곧 그의 생명이라' 말씀하시오니 진실로 감사드립니다.

옛적에는 너의 그 죽음이 곧 그의 이마에 생명이라는 두 글자로 새겨져 너는 그것을 보라고 하셨지요. 그러나 오늘날에는 너의 생명이 그의 생명의 부활이라고 말씀해 주시오니 진심으로, 진심으로 감사를 드리옵니다.

빨간 단풍잎 하나 속에 그리움으로 사랑할 수밖에 없는 이 하늘 마음을 보내고자 이렇게 글로 새겨서 하늘 소식을 보내려 합니다.

----- 시편 23편 ------

여호와는 나의 목자이시니 내게 부족함이 없으리로다 그가 나를

푸른 풀밭에 누이시며 쉴만한 물가로 인도하시는도다. 내 영혼을 소생시키시고 자기 이름을 위하여 의의 길로 인도하시는도다. 내가 죽음의 그림자 골짜기로 다닐지라도 해를 두려워하지 않을 것은 주께서 나와 함께 하심이라. 주의 지팡이와 막대기가 나를 안위하시나이다. 주께서 내 원수의 목전에서 내게 상을 차려주시고 기름을 내 머리에 부으셨으니 내 잔이 넘치나이다. 내 평생에 선하심과 인자하심이 반드시 나를 따르리니 내가 여호와의 집에 영원히 살리로다.

찬송합니다

이제 내가 살아도 주를 위해 살고 이제 내가 죽어도 주를 위해 죽네
하늘 영광 보여주며 날 오라 하네 할렐루야 찬송하며 주께 갑니다
그러므로 나는 사나 죽으나 주님의 것이요
사나 죽으나 날 위해 피 흘리신 내 주님의 것이요.

이제 내가 떠나도 저 천국 가고 이제 내가 있어도 주를 위해 있네.
우리 예수 찬송하며 나는 가겠네, 천군 천사 나팔 불며 마중 나오네.
그러므로 사나 죽으나 주님의 것이요 사나 죽으나
날 위해 피 흘리신 내 주님의 것이요

그러므로 나는 사나 죽으나 주님의 것이요 사나 죽으나
날 위해 피 흘리신 내 주님의 것이요 내 주님의 것이요.

환경은 변한 것 없어도 내가 변했네. 할렐루야. 아멘, 감사.....
"of the Jesus christ," "by the Jesus christ," "for the Jesus christ."

어제는 전도서 3장으로 그랬고 오늘은 요한복음15장~ 19장으로 그동
안 성령에 이끌려 광야생활, 42년 동안 광야를 살아오면서 죽음의 그림
자 골짜기를 수없이 지나며 그 무덤 속에서 영의 부활을 체험하고 터치

고 나와 이김의 삶을 아들로 살고 있는 내 영혼을 보며 크게 입 벌려 찬송하고 있다.

이제 나는 사나 죽으나 "그리스도의 이김" 이것 하나뿐 살 것이 무엇이 더 있으랴! 내 나이 75세. 어떻게 이렇게 살 수 있게 되었을까? 하나님의 섭리와 경륜 속에서의 "나의 나됨"의 설계도를 현실 속에서 건축해 오신 성령의 역사하심 앞에 두 손 들어 온몸으로 찬송할 수밖에 없는 은혜의 시간입니다.

너희와 저희

내 안에 오신 그 사랑만이 하나님을 사랑할 수 있고 사람도 사랑할 수 있는 것이다. 사람인 내가 사랑할 수 있는 것은 아니다. 갈라디아서 2장을 다시 읽었다. 하나님도, 사람도, 모든 자연과 사물까지도 인간은 사랑할 수 있는 능력이 전혀 없다. 그저 능력이 있다면 하나님까지도 이용하고 활용하여 자기 사업으로 관계할 수는 있어도 사랑할 수는 없다.

너희가 나를 택한 것이 아니요, 내가 너희를 택하여 세웠나니 이는 너희로 가서 열매를 맺게 하고 또 너희 열매가 항상 있게 하여 내 이름 안에서 아버지를(톤 파테라) 구하는 그 무엇을 받게 하려 함이니라. 내가 이것을 너희에게 명함은 너희로 서로 사랑하게 하려 함이라.

성경에서의 너희는 세상에서의 너희와 전혀 다르다는 사실이다. 그러므로 구조가 다르니 구하는 내용 자체도 다르다는 사실을 알겠다. 구조 자체가 다르니 삶의 방식 자체도 다를 것이 분명하며 열매 자체도 100% 다른 것은 당연한 것 아니겠는가.

하늘에 속하여 사는 자와 땅에 속하여 사는 자가 어찌 같을 수가 있으며 양과 염소가 어찌 같을 수가 있겠는가. 그러므로 이제는 지금 내가 살고 있는 나라가 어데인가를 살펴보라. 당연히 충돌이 일어날 수밖에 없음은 당연하지 않겠는가. 그러므로 미움받고 핍박받는 삶을 살고 있음이 당연하리라. 이 세상에서 이제 무엇이 두렵겠는가. 그 사랑이 일하는데...

이와 같은 세상이 와 있다는 사실을 알려주고 생을 마치고 싶다. 아니 오(No)와 예(Yes)를 분명하게 말해주는 너희들이 되어 살라고!

난초가 되어보다

"하늘이 하도 고요하시니 난초는 궁금해 꽃 피는 거다."

서정주 시인의 "난초"가 생각난다. 바깥세상은 너무 춥고 요란한데 내 영혼은 왜 이리도 고요할까! 이상해, 정말 이상해! 자기 내면세계를 키워내느라 그 얼마나 시끄러웠으면 흉흉한 바람 불어 파도치는 바다 같은 이 세상이 그렇게도 고요할 수 있었을까. 지금 내 모습이 그러하네. 이제 꽃잎을 열어 속 내음을 내놓을 때가 되니 하늘을 핑계 삼아 궁금하다 하네.

하늘은 언제나 하늘로 있었는데. 언젠가 써놓은 글 '달 아래 비침 받는 세상은 파리한 고요로움으로 차갑고 태양 아래 비침 받는 세상은 시끄러움과 더러움으로 흐려진 세상이 따뜻하다.'이 생각난다.

달빛 아래에서는 법을 배웠고 태양 빛 아래에서는 사랑을 배웠다. 난초의 몸이 열리어 맞이한 하늘은 과연 어떠했을까? 하늘은 하늘이요, 땅은 땅이요. 난초는 난초인데 말이야. 하늘의 난초인가, 땅의 난초인가. 다시 태어나지 않고서는 알 수 없는 비밀을 가진 자들이여!

너희가 다시 태어난 것은 썩을 씨에서 난 것이 아니요 썩지 아니할 씨에서 난 것이니 살아있고 영원히 거하는 하나님의 말씀으로 된 것이니라. 모든 육체는 풀과 같고 사람의 모든 영광은 풀의 꽃과 같으니라. 풀은 마르고 그것의 꽃은 떨어지되 오직 주의 말씀은 영원토록 지속되나니 복음으로 너희에게 선포된 말씀이 이 말씀이니라. (베드로전서1장 23~25절)

오히려 감사할 일이었네

인천에 이사와 살면서 말씀과 기도 안에서 거룩하여지고 교제와 증거의 삶이 풍성해지기보다는 날이 갈수록 점점 운신의 폭이 좁아지는 불균형이 찾아와 그 원인이 무엇 때문일까 싶어 매우 외롭고 고독했었다.

삶이 겉으로 볼 수 있게 나타나지 않음은 내 나이가 많아 영혼의 삶의 수레까지도 바퀴가 굴러가지 아니하고 정지된 상태에 놓여있는 것 때문일까 아니면 내 영혼이 첫사랑을 잃어버렸나 싶어 깊이 내면세계를 살펴보기도 했었다. 그런데 그것은 아니었고 94년부터 지금까지 질 좋은 장성한 젖소로 자라나기 위한 세월이었고 또한 더불어 그 젖소에게 달 수 있는 큰 수레와 큰 바퀴를 만드는 기간이 되었다고 보면 되겠구나 싶다.

나이와 상관없이, 환경과 상관없이 하나님의 말씀과 기도로 거룩하여지고 영혼들과의 교제와 증거로 인하여 양적으로, 질적으로 풍성해지는 하나님의 충성된 일군으로 준비되기 위한 축복의 세월이었네.

이제는 하늘들의 나라의 일군으로 보내어질 불씨로써 성령께서 사방 바람으로 풀무질을 하고 계셨었구나!

할렐루야! 감사합니다. 아멘입니다.

알파 시대와 오메가 시대

모든 것이 급변하는 오늘날 이 시대에는 사람들보다 함께 사는 개들이
사랑을 더 받는 시대이다. 거실의 소파에서 주인의 사랑을 지극히 받는
개들의 시대이다. 그런데 이 새벽에 또다시 비사와 비유로 꿈의 언어를
비교하여 이야기를 해보게 된다.

우리 집에 검은 개와 흰 개 두 마리가 사랑을 받으며 함께 살고 있다.
얼마나 큰 지 물을까 봐 만지지 아니하려 했으나 사랑해 달라고 어찌나
머리를 쳐들고 입을 크게 벌리며 가진 애교들을 떠는지 그 모습이 예쁘
고 사랑스러워서 쓰다듬어 주기 시작했다. 우리 집 거실 안에서 기르는
개들이기에 아무리 커도 무섭지 않고 만지면 만질수록 사랑스러워진다.

우리 집 주인 남자 옆에는 검은 개가 듬직하니 앉아 사랑을 받고 있고
여주인(나) 옆에는 흰 개가 앉아서 자기를 계속 쓰다듬어 사랑해 달라고
내 손을 향해 자기 머리로 말하며 껴안아 달라고 자기표현을 계속하고
있다. 너무너무 사랑스러워진다. 쓰다듬으면 쓰다듬을수록!

그런데 두 마리가 똑같이 입을 하늘을 향해 벌리고 사랑받기를 원하고
있지만 그 큰 입안에는 이빨들이 하나도 없어 아무리 만져 주어도 전혀
물지 못하게 생겼더라. 피차 서로 사랑의 관계만 있더라. 한편 성식 형제
와 교제하다가 내가 써놓은 글을 카톡으로 보내주겠다고 통화하며 카톡
창을 열다가 눈을 떴는데 또 꿈이었네. 이제는 꿈이 필요 없어 그런데 너
무 생생하게 그대로 있어서 무엇을 의미하는 것인지! 그 의미에 대하여

묵상해 보았다.

우리가 서진연립에서 살고 있었던 때의 일이 생각났다. 1996년도에 키웠던 요크셔테리아 한 마리 "송이"를 키우면서 우리 식구들은 행복했었다. 또 원어 성서원, 그곳에서 만난 순양씨와의 행복했던 교제는 "우리들 식품"이라는 상호로 반찬가게를 세워놓고 교제하겠다고 순양씨가 일을 시작하지 않았던가!

얼마 못가 문을 닫았지만 그 후로 우리는 수많은 경험을 했다. 1998년 어느 날 꿈을 꾸었다. 넓은 서진연립 거실에서 나는 "송이"가 너무 사랑스러워 품에 안고서 오른손으로 머리를 쓰다듬고 있는데 쓰다듬으면 쓰다듬을수록 몸의 한가운데가 두 동강이 나는 것이었다. 피 한방울 없이 깨끗하게 쓰다듬을수록 내 오른 손바닥 속에 보이지 않는 칼날이 숨어 있었던 때문에 하나가 둘이 되었던 것이었다. 그런 상황을 보면서 나는 뚫어진 천장으로 하늘을 쳐다보며 울면서 '하나 되게 하소서'라고 기도하다가 깨어났었다.

그런데 그 후 22년 세월이 지나간 이 새벽에 이 꿈은 무엇을 의미해 주는 영혼의 세계 이야기일까? 새로운 새 시대가 어떻게 도래되어 가는지를 세상 나라를 통하여 다 드러내어 줄 것이니 성서와 자연과 모든 사람과 주어진 환경을 통한 삶에서 성령의 증거를 받는 삶을 살아 하늘들의 나라 곧 영원한 생명의 복음의 나라로 우리 대한민국 안에서 일어나는 직면한 모든 일을 듣고 보며 차분한 마음과 영의 사랑으로 주께서 어떻게 모든 이 백성들을 통하여 일하게 하며 초월의 세계를 열어 가시는지를 조금만 더 기다리며 예수 그리스도 사랑 안에서 기도 해야 하리라는 마음으로 받게 되는구나.

삼위일체 내가 되어지기까지

　사람과 소와 달구지의 관계처럼 인간의 영과 혼과 몸의 관계에서 무엇이 주가 되어 이끌고 가는가? "나" "너" 그리고 "우리" 나의 몸과 마음을 주도적으로 이끌고 가는 존재가 무엇인가. "나. 너. 우리."의 관계성을 자세히 들여다보며 생각해 본다.

　이 세상에 태어나 살면서 이것 하나 깨닫고 알아가는 이일이 모든 것의 모든 것이란 말인가! "나"를 모르고서는 하나님을 안다고 하는 것은 관념으로 지나지 않을 수밖에 없다고 분명한 소리를 내고 싶다. 하나님을 아는 만큼 나를 알고 나를 아는 만큼 하나님을 알 수 있지 나도 모르면서 하나님을 안다고 말하여 속고 살아온 내가 아니었는지 뒤를 돌아보게 된다.

　사람이 소의 콧구멍에 코푸레를 뚫어 고리를 걸고 이끌어 가야만 소가 주인의 일을 잘 해낼 수 있는 것이고 만약에 사람이 소의 발에 치여 이끌려 가게 되면 어찌 되겠는가? 아무 일도 할 수 없고 이룰 수가 없다. 그리되면 미친 소들이 날뛰는 질서가 파괴된 미친 세상이 되고 말 것이다.

　짐승들이 주인 노릇하는 세상은 멸망할 수밖에 없고 사망의 나라가 될 수밖에 없다. 성경의 기록된 말씀들은 '네 속에 무엇이 주인이 되어 살게 하느냐'에 따라서 "너가 너 되어짐"으로 살게 되리라는 설계도가 그려있는 책이 성경이 아니던가!

　사람은 혼과 몸만을 가진 짐승과는 다르게 영을 가지고 태어나며 그 영이 어디를 향하여 가느냐에 따라서 삶의 결과가 나타날 것이다. 사람과 소와 수레의 관계성처럼, 그래서 사람은 사람다운 사람이 되어야지 짐승 같은 놈이 되어서는 안된다는 말이다.

그래서 사람은 다시 거듭나야만 하고 중생해야만 된다는 말들을 하는 것 아니겠는가. 그래서 수련을 쌓기도 하고 종교를 갖고 살기도 하고 여러 모양으로 도를 닦기도 하는 것이 아니겠는가! 사람으로 태어났어도 새로운 생기를 받지 못하고 산다면 짐승과 다를 바 없는 동물과 생물들과 같을 뿐일 것이다.

사람이 짐승들과 다른 것은 영이 있다는 사실이다. 그래서 수 배나 큰 짐승들도, 그리고 사납고 힘센 짐승들과 몸에 독을 가득 품은 짐승들까지도 다스리고 정복하며 살 수 있는 것이 아니겠는가. 사람들이 살아가는 세상은 자연환경만 있는 것이 아니요, 그보다 더한 환경인 사람들이 살아가는 사람들의 나라가 있기에 생존경쟁이 치열할 수밖에 없다는 사실이다.

짐승들의 생존경쟁과는 비교할 수도 없는 간교하고도 무서운 세상이 바로 인간 세상이라 생각한다. 지옥 가지 않고 천국 가기 위해 종교 생활을 하는 것이 아니라 내가 나를 찾아 나의 나 됨으로 살아보고 가기 위하여 종교 생활까지도 해보게 되는 것이라고 나는 본다.

하나님 나라를 꿈꾸며 짐승이 죽고 사람으로 다시 태어나지 않으면 수천 년이 흘러가도 여전히 짐승일 수밖에 없듯이 사람이 죽고 다시 태어나지 않는다면 억만년을 산다 해도 짐승 같은 사람일 뿐이다.

그래서 여기에서 사람들을 구해내는 길은 사람다운 사람 오직 하나님의 아들 예수 그리스도가 사람의 몸을 입고 이 땅으로 내려오셔서 죽고,

다시 살아나서 말씀으로 성령으로 말미암아 한 사람의 영혼으로 들어가서 함께 죽고 다시 영의 몸으로 살아나사 하늘 백성 곧 사람다운 사람으로 길러 가시는 일을 성령을 통하여 지금도 일하고 계시는 것이요.

또 사람다운 사람이 되도록 영혼의 사람들을 통하여 그 나라 곧 하늘들의 나라와 그의 의를 이루어 가고 있는 ing 중에 있을 뿐만 아니라 그 사람들로 하여 사람이 주인이 되어 소를 사랑하고 귀히 여기며 일하게 하여 수레까지도 질서 있게 활용하여 풍성한 삶을 살게 되는 것처럼 성경을 통하여 선지자들 안에 계셨던 그리스도와 예수 안에 계셨던 그리스도. 그리고 바울 안에 계셨던 그 그리스도, 베드로 안에, 요한 안에 계셨던 그 그리스도, 그 예수 그리스도의 아버지 하나님의 말씀씨가 오늘날 우리 안에 떨어져 자라나서 예수께서 하신 일처럼 오직 생명으로 풍성하게 하는 사람다운 사람으로 살아보다가 소달구지처럼 미련 없이 버려지는 육체가 되기를 바랄 뿐이다.

사람이 소를 부리고 소가 달구지를 이끌고 가듯이 나의 영이 나의 혼을 부리고 나의 혼이 가는 대로 따라 다니며 살아가는 이 육체가 이 원리 안에서 질서를 따라 말씀의 생명과 자유와 사랑과 거룩의 풍성을 이루어 한없는 기쁨의 열매를 남기고 씨를 뿌리고 가는지를 나에게 자문자답을 해본다. 나는 무엇으로 살아가고 있는가!

천둥벼락

내게는 오직 그 생명 하나 남아 있을 뿐 아무것도 없다. 이제부터는 나에게 나올 것은 아무것도 없고 건드릴수록 썩은 냄새만 나오리라. 반대로 안에 있는 그 생명 하나 건드리면 거기로부터는 나올 것들이 있지만 나에게는 나올 것이라고는 하나도 없도다.

나는 완전히 망했고 끝이 났다. 이제 내가 사는 것은 내가 사는 것이 아니라 오직 내 안에 그리스도가 사시는 것이라. 이제부터는 나랑 잠시라도 살고 싶거들랑 이 육신사람 건드리지 말고 그 속에 있는 생명 덩어리나 건드리실 생각이나 하시오. 이송장 건드리면 건드릴수록 썩은 냄새만 나올 뿐이요 유익이 될 일은 하나도 없을 것이외다.

내게 선악을 알게 하고 그것을 뿌리 깊이 심어지도록 만들어 준 땅에서의 근본 뿌리는 당신이었소. 그리고 집안 족보의 가족들을 통하여 아버지 하나님께서는 나로 하여 인간 나라들의 거짓과 허탄을 거룩의 영, 곧 성령이신 참과 진실로 이기게 하셨고 가난과 부를 존재의 양식으로 삼켜버린 자 되게 하셔서 살게 하셨으니 이제는 아무리 나를 건드려본들 인생 나올 것이라고는 하나도 없고 썩는 냄새만 나올 것이외다.

이송장을 피하여 떠나가든지 아니면, 생명에 관한 것이나 건드려 살게 하사 피차 사는 길로 접어들게 하시오. 오직 이일 하나만이 나도 살고 너도 사는 길이외다.

결심

킬리만자로의 표범 노래 가사 중에서 나는 하이에나로 살 것이냐 아니면 표범으로 살 것이냐 라는 가사가 있다. 내 영혼이 먹이를 찾아 떠나온 지난 이 길을 내려다보니 아슬아슬한 곡예의 길을 걸어오기도 했음을 보네.

온몸에 소름이 돋는 것 같기도 하다. 어떻게 이렇게 이 생명 길을 걸어올 수가 있었을까. 육의 눈으로는 도저히 볼 수 없었던 오직 영의 눈으로만이 볼 수 있었고 영의 코로만이 냄새도 맡을 수 있었고 영의 손과 발로만이 만지고 감지할 수 있고 걸어올 수 있었던 그 생명의 길을 말이다.

신비로운 이 세상을 어떻게든 삶으로 살아오는 동안 보이지 않았지만, 사망의 그림자가 드리워져 있었고 저승사자가 늘 내 뒤에서 쫓아다녔던 세월의 증거들이 흔적으로 이렇게 분명하게 나뉘어 보이기 시작하니 말이다.

"사망의 길과 생명의 길" 나는 이제는 이 두 길에 대하여 예수그리스도를 중심으로 하여 양쪽으로 갈라져 나타나는 두 세상, 이곳을 향한 두 갈래 이제 자기가 선택하여 살아가야 하는 이 길에 대하여 삶을 통한 사실을 밝히 드러내어 주는 빛으로 나의 남은 날들의 삶을 살아갈 것이다.

나의 심비의 성경과 문자인 책성경, 여기에 숨겨져 기록되어 있는 비밀들, 곧 내 마음속 지성소 안에 있는 아론의 싹난 지팡이와 속죄소의 증거판과 감추어져 있는 만나들의 항아리 뚜껑을 열어 삶의 현장에서 만나게 되는 영혼들에게 아낌없이 다 꺼내어 가져다가 그들의 삶의 복으로 나누어 잘살아 가도록 베풀어 주고 싶다. 아니, 반드시 이일을 실행하며 살다가 이 세상을 떠나기로 나 자신과 뼛속 깊이 약속한다.

사망의 길과 생명의 길을 정확히 분별하며 선택하여 시편의 삶을 살아 가는 사람들로서의 행복을 누리도록 말이다..

새로운 배움

친구들 모임에 나가서 한 번도 가보지 못했던 덕수궁과 시청 앞 광장을 한 바퀴 들러보고 왔다. 예수님이 사셨던 그 시대나 다를 바 없는 모습을 보았네. 현시대의 사람 사는 모습도 그때와 다르지 않은 것 같아 마음속으로는 아팠지만 친구들 모임이라서 먹을 것 먹고 함께 다니다가 헤어져 외출한 김에 치과에 들러 치료받고 집으로 돌아왔다.

너무 힘이 들어서 그런지 집에 들어오니 누웠으면 좋겠지만 저녁상을 대충 차려주고 난 후 화장실에 들어가 씻고 나와 상을 치우고 설거지 그릇은 담가놓고 들어와 누워버렸다. 밤새도록 자고 깨어나니 허리가 다 아프네.

한 번이라도 가보고 싶었던 광화문 집회 현장 가까이 갔어도 돌아보지 못했던 일이 아쉽기도 하다. 그러나 이제는 혼자서도 찾아갈 수 있으니 어느 날 나 혼자라도 가야겠다. 영으로나 육으로나 나는 나 개인 영혼 하나 그리고 내 가정 식구들 사는 일에만 관심을 두고 사느라고 밖으로는 곁눈질 한 번 해보지 못하고 살아왔다.

이제는 세상을 향하여 조금은 눈을 열고 보아도 될 것 같아 한국과 이스라엘 역사에 관한 공부도 해보고 싶고 세계를 향하신 하나님의 마음도 더 자세히 알고파 역사 공부를 조금씩 할 것이다

성경과 함께, 그동안 나 한 사람이 진리의 참사람이 되기까지의 삶, 세월이 74년 동안이나 걸렸는데 성령의 역사로 삶의 현장에서 구원하시고

이끌어 분별하게 하여 세상을 바라볼 수 있도록 세워 주셨음을 보며 감사를 드립니다.

이 마지막 세대에 불어오고 있는 찬바람 곧 악을 선이라 하고, 선을 악이라고 하며 가르치고있는 자가 세운 사상과 종교로 온 세상에 덮혀진 마지막 이 세대의 피 흘림. 진리의 복음으로 세워지지 못하고 이 세상 바람으로 공중에 날고 있는 참을 찾지 못하고 거짓에 속아 풍조에 떠돌고 있는 겨(모츠)들이 되게 하는 이 시대를 조금은 알 수 있을 것 같다.

물질 만능 시대 속에서 거짓과 참을 분별할 수 없는 종교지도자들과 정치지도자들, 영적 지도자들이나 위정자들. 이들로 인하여 올바르게 분별할 수 없게 되어 버린 백성들과 술에 취해있는 지도자들, 지금 전쟁 속에 살면서도 감지할 수 없는 영혼의 무지한 백성들을 향하여 성령의 역사가 강하게 일어나고 있기에 한국의 모든 교회가 잠에서 깨어 일어나도록 대한민국에 이 큰 환난을 통해 분별하고 예수의 믿음 위에 굳건히 세워지며 영혼의 사람들이 나타나 이뤄지는 하나님의 나라.

예수의 사람들 그리고 사람 중에 참사람들이 나와서 이 세상을 평화의 나라로, 생명의 나라로, 자유의 나라로, 사랑의 나라로, 거룩의 나라로 이끌어 곧 전쟁이 있을 수 없는 그 진리의 세대가 세워지도록 기도하며 성경의 구원역사를 소개하는 중매 잡이로 살 수 있도록 성경의 역사를 자세히 공부해 봐야겠다.

새 하늘과 새 땅이 이 땅에 세워지는 날까지 기도하며 나 자신의 그 믿음을 굳건히 세우는 일에 부지런하자.

욕심 없음도 복이 되네

　세상 욕심보다 더 크고 무서운 욕심이 무엇인지를 모르고 산다면 아마도 이 좁은 길을 따라서 살아간다는 것은 매우 힘든 일이 아닐까 싶다. 세상 살아갈 능력이 없는 나 자신을 자세히 들여다보고 있노라면 이루어 놓은 일은 그 무엇 하나 없지만 그래도 참 잘살아 왔다는 생각이 들어 감사한다.

　육신이 살아가는 일도 그러하거니와 영혼이 살아가는 일도 그러한 것 같다. 육신이 하루하루를 욕심 없이 살아왔던 그 삶이 오늘의 나로 존재하고 있는 것처럼 내 영혼도 그와 같이 동일하게 살아온 삶의 모습이 현재에 존재하고 있는 모습이 아닐까.

　영육이 무능하게 살아왔지만 이 어지러운 혼탁한 세상속에 홀로 있어도 굳건히 살아갈 수 있게 되었다는 사실에 진정으로 감사한다. 갈라디아서 1;10에 꽂혀서 공부하고 묵상 후에 기뻐하며 찬송하면서 더욱더 감사를 드린다.

정(파데마신)의 test

그리스도 예수의 사람들이 살아가는 삶의 방법이 있는데 정들(파데마신) 그리고 욕심들(에피두미아스)과 함께 육체를 십자가에 못 박았느니라.

이 말씀이 내게서 성취될 때까지 하루라도 가볍게 여기고 넘어갈 일은 아니라는 생각이 든다.

나는 예수를 믿으니까, 예수가 십자가에서 내 죄를 다 해결해 주시고 대신 죽어주셨기 때문에 나는 구원받았으니까. 나는 죄를 회개했으니까, 나는 침례를 받았으니까, 나는 말씀을 사랑하고 순종하니까, 구제와 선교와 봉사를 했으니까, 등등으로 확신하며 살고들 있지만 모든 것 다 내려놓고 잠시 쉬었다 가보자.

모두 모두가 다 자기로 살다가 떠나가는 이 세상에서 어제저녁부터 내 심장을 뚫고 들어온 이 귀한 말씀 구절은(갈5:24)의 말씀이 아닌가! 내 속에 살아계신 하나님은 나의 심장과 폐부를 찔러 쪼개시는 일을 성령을 통하여 심심치 아니하게 지금까지 해오셨는데 한결같이 어제와 오늘도 그리하여 주시오니 무한 감사합니다.

내가 살아있는 날까지...

"교회들이 fashion show 하는 곳이 되고 말았으니 더 이상 교회를 나갈 수 없노라고"

전화번호를 어떻게 아셨는지, 1997년 어느 날 우리 집 주소를 물어보시고 경기도 하남시에서 찾아오셨던 남자 선교사님은 지금 어디서 무엇을 하시며 살고 계신지 궁금하다.

지금 생각해 보면 그 선교사님은 한국 교회를 사랑할 뿐만 아니라 진리의 말씀을 찾아 삶을 살고자 하는 무리를 만나보고 싶어 하셨던 분 같았다. 체구도 작으시고 선량하고 예쁘장하게 생기셨던 분이신 것 같았는데 지금은 무엇을 하고 계실까, 궁금하다.

24년이나 흘렀는데 생생하다. 교회 목사님이 창세기를 설교하시는데 가슴이 너무 답답해 신앙의 갈등이 생겨서 상담하려고 찾아갔으나 그 기관의 모든 목회자들이 성도들과 함께 성지 순례를 가셨기 때문에 직원이 우리 집 전화번호를 가르쳐 주셔서 찾아오셨다고 말했던 분이셨다.

오늘날 이 시대야말로 밝히 만민들이 보게 하는구나. 그동안 한국의 종교들과 교회들이 성경책 한 권 가지고 Fashion show를 하면서 영혼들이 사서 입을 옷 장사를 해왔던 숨은 사실이 밝혀져 더 이상 숨길 수가 없을 것이다.

온 세상에 불어온 사방의 바람, 사람이 정신을 차릴 수 없도록 불어 대고 있는 이 바람 앞에서 어느 누가 이겨낼 수 있으랴! 요한계시록에 흐르는 있는 성령의 강가에서 두 손으로 생수를 떠서 목을 적시며 조용히 오늘 하루도 이 시대를 분별하며 이김의 삶을 살고자 심비의 성경으로 성경책을 가까이하고 주어진 환경을 최대로 활용하여 은혜의 삶으로 살아가려 합니다.

내가 살아가는 복된 삶은 Fashion show 하는 일이 아니라 한 번 입은 흰옷을 매일, 순간마다 나의 이 두 손으로 빨아 깨끗함을 유지하고 있는 신부로서의 삶을 혹여라도 소홀히 하여 세상에 빼앗기지 않도록 세상을 이긴 그리스도의 믿음으로 살아가야 하는 삶이라 믿으며 내가 살아있는 날까지 나는 가리라 주의 길을 따라 나는 가리라!

헛살지 않았네

성령의 강물 속으로 풍덩, 생명 나무 열매씨 속으로 쏙, 예수그리스도의 계보 속으로 들어가 있으면 가문의 영광이 된다는 사실을 체험으로 알게 되었으니 76년 세월은 헛되지 않았습니다. 그 하늘과 그 땅은 없어질 것이지만(파레류손타이) 나의 로고이들은 없어지지(파레류도신) 않을 것입니다.(마태복음 24; 35)

사람으로 태어나면 가문의 족보에 이름이 기록되어 살듯이 내 영혼이 예수 신랑을 만나서 사랑하며 살다가 드디어 결혼하여 눈으로는 볼 수 없는 그 믿음의 족보인 하늘의 씨를 이 몸 안에 받아 씨를 키워내는 외로움과 슬픔의 세월은 지나가고 해산하는 기쁨이 찾아 왔으나 그것도 잠깐이고 그 아들과 헤어지는 고통을 겪으며 어찌할 수 없어 그저 바라볼 뿐이었다. 내가 낳은 아들이라도 어찌할 수 없는 아들의 운명을 바라보며 그저 그 뒤를 따라다녔던 마리아의 그때 그 심정을 느껴 본다. 아들을 대하고 바라보는 엄마의 그 심정은 날마다 오죽했을까!

그 아들은 이 세상 모든 죄를 몸으로 안고 죽어야만 했던 구세주로서 하나님의 아들 예수 그리스도이셨기에 그림자처럼 따라다닐 수밖에 없었던 "마리아"였다. 얼마나 아팠을까! 예수가 십자가에서 죽으셨을 때, 그 어머니의 심정을 느끼며 그때의 그 마음은 예수보다도 더 아팠으리라. 먼저 죽을 수 있다면 죽었을 것이나 끝까지 약속의 말씀을 믿고 따라서 살아온 경험이 있기에 십자가에서 예수가 죽을 때 어머니 마리아도 함께 혼이 죽었을 것이다.

그러나 성령의 인도 따라서 무덤까지 가서 부활하신 예수를(다시 살아난 예수를) 만났을 때의 그 기쁨은 어찌 표현할 수 있으랴! 이제부터는 내 아들이 아니고 경외하던 거룩하신 창조자 하나님의 아들 곧 이 세상을 구원할 자 '예수'이셨었음을 더욱 확인하고 그때부터는 '그리스도'가 자기 속에 성령으로 임하시기를 원하며 하나님의 아들을 쫓아다니셨을 것이다. 자기도 구원 받아야 할 대상임을 철저히 알았을 것이고 약속의 말씀 따라서 끝까지 다니며 구원을 받아 육신으로 예수를 낳은 어미인 것조차도 잊어버렸기에 드디어 그리스도의 족보에 올라간 여인으로 기록되어 있지 아니한가 싶다.

아들을 낳은 어머니 마리아는 사라, 리브가, 라헬과 같은 믿음의 여인으로 성경에 기록되어 오늘날까지 공중에서 새 하늘과 새 땅에 들어갈 많은 신부를 기다리고 있지 아니한가 봅니다.

"말씀의 몸으로 다시 오신 예수 그리스도" 이분이 우리 안에 말씀씨로 오셔서 살고 계시므로 점점 이분의 세상이 되어가는 나라를 보면서 이제는 내가 사는 것이 아니라 내 안에 그리스도가 사시는 것이라는 고백이 날마다 영혼으로 말씀과 찬양이 흘러나오는 영의 사람들로서 아들들과 딸들이며 그 말씀 세상 안에서 영혼의 생명을 낳고 기르는 일을 할 수 있는 "로고이" "데오이"들이 될 때까지 성령의 인도를 따라 매 순간들을 살아가야만 될 것이라고 말을 해야하지 않을까.

참예자들

충성된 일군으로 일하러 나갑니다. 내 안에 오셔서 영으로 지금까지 살아오신 야훼께서 몸 사람 되어 충성된 일군으로 키워낸 이 아들이 종으로 일하러 나갑니다. 네크로스들은 니스마트를 불어넣어 네페쉬 하야가 되게 하고 네페쉬 하야들은 루하 에로힘들이 되어져 나오는 모습들을 보고 싶어 이 세상 코스모스로 내려갈 것입니다.

예수그리스도가 하나님의 아들이요. 사람의 아들로 오셔서 사시다가 십자가에서 죽으시고 부활하시고 승천하신 후 보혜사 성령으로 다시 오셔서 사람들 속으로 파루시아 하시고 역사하시는 성령 하나님의 일하심은 아버지 하나님의 아들들을 낳고 길러내는 일을 하고 계십니다.

하나님 나라의 그 유업을 아들들에게 맡기시고 그 아들들의 기업을 계속 대를 이어갈 수 있도록 충성된 사람들에게 부탁하라고 말씀하고 계십니다. 피스티스 안드로포스들이 또 다른 사람들을 가르칠 수 있으리라(딤후 2; 2)는 말씀을 하시고 부탁하셨음을 뒤늦게 알았으니 이제 이 일을 위하여 일꾼으로 살기를 결심합니다.

육신과 영혼이 먹고 입고 사는 일에서 끝을 내게 하시고 오직 하기아스 퓨뉴마 세상의 삶인 의. 식. 주를 위하여 살아가는 삶의 기본원리를 전해줄 수 있는 아들로서 종의 몸으로 내려가 일하도록 이 몸을 쓰시고자 함을 봅니다.

75년 세월이 흐르는 동안 이제야 사람의 아들(야훼, 그리스도)로 힘차게 세상을 살아갈 것입니다. 세상 몇 날이 될지는 모르지만, 얼굴에는 검버섯과 주름살이 가득하고 몸은 늙은 여자이지만 그래서 미쳤다고 비웃음을 당하겠지만 살아있는 자로서, 죽은 자는 살아 숨 쉬게 하고 잠자는 자는 깨어나 일어나 살게 하고 살리는 자들이 되어 사람들을 살리게 하는 충성된 자들로 일을 하기 위하여 나아갑니다.

　나의 검지 손가락에 모여드는 이 공기 방울들을 튕겨서 땅으로 쏟아 놓으려 합니다. 바람 타고 퍼져 나가서 땅속으로 심어져 각 영혼이 심령천국을 이루어 새 하늘과 새 땅 곧 하늘들의 나라를 성취해가는데 참예자로 동참하여 살아가는 삶이 얼마나 귀하고 아름답고 값진 일인지 가문의 영광임을 찬양합니다.

구도자의 경건한 삶이란

엿새가 차기까지 그리스도의 형상이 우리 속에 온전히 이루어지기까지 밤낮 사흘을 땅속에 있어야 하리라.

새 일을 위한 준비과정

　구약교회에서 흑암의 바다를 지나서 신약교회로 그리고 유대교에서 기독교로 넘어온 것처럼 유대 백성들이 7대 명절을 잘 지켜서 축복받아 강한 이스라엘 나라가 된 것처럼, 오늘날에는 구약의 7대 명절에 숨겨져 있는 하나님의 비밀이 "그리스도"이다. 곧 그 안에 있는 하나님의 깊은 뜻과 의지와 견해가 들어있는 그 비밀을 알아 발견하여 영으로 간직하고 순종하므로 이스라엘 백성들 심령 속에 한 알의 밀알이 마음에 떨어져 착상이 시작되어 마치 어머니 뱃속에서 10개월 동안 잘 자라 건강하게 태어나 세상 밖으로 나가서 독립된 자로 잘살아 가게 되는 것과 같다.

　하루가 다르게 성령의 도우심으로 성장하게 된다. 성령님은 지금도 자기 백성들을 기르시고 계신다. 삼위일체 하나님께서 이스라엘 백성들이 7대 명절을 지키듯이 육신의 예수가 오셔서 영적 예수"그리스도"가 되기까지 유대인들과 서기관들과 바리새인들 손에 의하여 십자가를 지시고, 죽으시고, 부활하시고, 성령세례 받으시고 재림하시고, 나라를 바치시고, 천년왕국을 이루심에 7가지 과정을 몸의 삶으로 다 살아내셨기에 하나님의 아들로 나타난 축복이 된 것이다.

　예수 그리스도는 성도들의 심령 안에서 구원의 역사가 이렇게 이루어지고 또 성화의 과정이 이루어지며 영의 부활이 이루어지며, 성령세례가 부어지며, 주님의 다시 오심의 재림신앙이 시작하여 성결케 되며 흠도, 티도 없는 성도가 되어 하나님 나라를 누리게 된다는 말씀의 과정으로 성경 창세기 1장의 7일 창조의 역사가 이루어져서 그리스도의 사람으로 나타난다는 성경 이야기를 영으로 받으며 하루하루를 살아가고 있다

그렇게 7대 과정을 지나면서 장성한 분량의 사람으로 자라나 세상으로 다시 내려와서 그리스도의 몸으로 나타나 온전한 사람의 형상(하나님의 형상)으로 성장하여 가게 되는 것이 큰 축복 받은 사람이다.

지금은 육의 교회를 떠나 영적 교회 안으로 넘어가는 환란의 시대이지만 이시기를 그리스도의 믿음으로만 잘 이기는 삶이 되면 만유 회복의 축복이 될 것이라는 전광훈 목사님의 말씀에 귀를 기울이고 듣고 있노라면 하나님의 설계도를 인간의 역사와 자연 세계의 원리 안에서 보는 듯하다. 외적 삶에서 벗어나서 내적 삶 안으로 들어가 온전하게 자라나면 그다음 바람 부는 광야 세상으로 나가 "그리스도인"으로 이김의 삶을 살아가게 되는 몸 교회들이 된다는 말이다. 그러나 한 사람으로서는 하나님 나라의 그 일을 할 수도 없을 뿐만 아니라 그동안 무너진 성전을 재건할 능력이 없으므로 온전한 사람들 곧 몸 교회들이 하나하나 모여들기 시작하여 하나로 뭉쳐 연합된 공동체들이 하늘들의 나라를 세워 살기 좋은 세상을 만들며 새 창조의 역사를 영의 눈으로 현재의 일과 사건들을 바라보며 고통과 박해 속에서 근본 뿌리인 참 진리와 참자유와 참 생명과 거룩이 대한민국에서 사라지지 못하도록 애국 목사들을 중심으로 하여 애국 백성들과 애국 성도들이 함께 싸우고 있는 저항운동을 통하여 정치, 경제, 종교의 개혁이 일어나고 있음을 바라볼 수가 있다.

특별히 기독교 안에서 개혁 운동은 필수이다. 왜냐하면 나는 기독교를 사랑하기 때문이다. 이스라엘이 7대 명절을 지킴으로서 축복받은 것처럼 육의 그리스도인들이 7단계 성장 과정을 거쳐 장성한 하나님 아들

예수그리스도가 사신 것처럼 마지막 시대에 이 어두워 가는 죄악 세상을 다시 살리시어 회복되도록 하나님께서는 자유대한 민국을 사랑하시고 계시기 때문이다.

　이제 오늘날 마지막 시대에 지구촌을 살리셔서 만유 회복의 축복을 내리시려는 긍휼의 역사를 그리스도인들의 연합을 이루어 새 일들을 행하게 하시려는 뜻을 보도록 하게 하십니다.

맛있는 "깍두기"처럼
하나님 백성들이 연합되어야 할 이유

(사람. 돈. 일. 사랑)

성령의 나타나심이 없을까 봐, 심히 두려워하고 떨었노라고 바울이 말
씀하셨음을 확실히 믿고 따르지만 기독교인들이 서로 헐뜯고 비난하는
이유를 알려주심에 감사를 드립니다

성령의 일하심을 보라! 사람에게 외적 활동과 내적 활동이 있는 것처
럼 하나님도 내적 활동과 외적 활동이 있으신데 성경의 비유에는 두 줄
기의 맥이 흐르고 있음을 나타내 보여 주고 계시다. 그래서 세상 역사와
성경의 역사를 통하여 보면서 하나님의 시각으로 내려다보면 아무 일도
아니겠지만 사람의 시각으로 보니까 끊임없는 피 흘리는 전쟁역사를 기
록하게 되는 것이 세상 역사가 아니겠는가.

하나님의 역사하심을 성령께서 일하심을 몸소 경험하여 사실이 되어
버린 삶이 풍성한 사람들에게서 나오는 넘치는 풍요를 목격하면서 나는
왜 이렇게 성령의 나타나심이 없는 것인지 내 삶을 다시 정리해 보았다.

(사람도, 일도, 돈도, 사랑도)

내 손으로 세어볼 만큼 폭이 좁은 삶이지만 아주 작은 나비 한 마리 같
아서 세상에서 불편함없이 살아왔다. 그러나 사람들은 사회성이 없다고
할 것이고, 또한 믿음이 아니라고 자기 믿음이라고 말을 하겠지만, 이루
어 놓은 열매가 없으니 세상살이는 빵점짜리이다. 그래서 사람들에게 불

쌍히 여김을 받을 수 있는 반벙어리 같은 자로 살수밖에 없었지 않았던 가!

성경에 기록된 사람들의 역사는 두 줄기가 흐르고 있다. 가인과 아벨, 이삭과 이스마엘, 에서와 야곱, 겉 사람과 속사람. 하늘과 땅, 육체와 영혼, 어둠과 빛. 낮과 밤. 남자와 여자, 사망과 생명. 죽음과 부활. 그러나 마지막 때(토 테로스)가 오면 하나가 될 터인데!

(날이 시퍼런 칼로 베어보라)

이 자리에서 칼과 무와 물을 가져다가 자르라! 예리한 칼날을 들고 자르라. 이 비밀을 하나님 마음인 지혜로 터득하면 전쟁이 없으련만, 인간의 마음과 지혜로 대하려니 전쟁뿐이요, 판단과 정죄뿐이라! 그러나 우리 모두 각자가 밭에 뿌려진 '무씨들'이라고 가상을 해보자. 그리고 추수 때까지 기다려 보자. 추수 때가 되어 농부가 거두어들여서 마당에 쏟아 놓는다면 얼마나 기쁠까! 그러나 그 무들은 그때부터 고난의 시작이라. 크고 작음을 뽐내고 자랑할 수 있는 것도 잠시 뿐, 무 자체는 주인의 손에 잡히기만 하면 씻기고, 소금물에 절여져야 하고 칼로 베임을 당해야 하지 않는가? 사실은 사람들에게 음식이 되어야만 그들은 참 행복이 되어지는 것인데...

예를 들어 우리가 맛있게 먹을 수 있는 깍두기를 바라보자. 크고 작은 모든 무를 다 썰어서 큰 그릇에 담아 양념을 넣고 버무려 장독에 담아 발효시켜 먹기까지의 과정을 바라보자. 아마도 목회자들에게는 멋들어지게 설교 한편이 나오리라. 주인의 입장에서와, 무의 입장에서. 제삼자의 입자에서 말해본다면 어떻게 말하겠는가! 어제는 오랜만에 전화를 한 전도사님과 통화를 하게 되었는데 결국은 성령의 나타나심을 말씀의 옷을 입고 보이라는 것이다. 곧 반벙어리 짓을 하지 말고 성경에 기록되어있는 문자들로만 답해 보라고 하시니 더욱더 반벙어리 소리를 할 수밖에 없었다. 점점 비유와 비사로 말해 줄 수밖에 없어서 나중에는 조용히 입 다물고 뒷걸음질을 했다. 그렇지 않아도 나는 왜 이 세상에 살면서 남겨지는 기업이 없는 것인가를 고민하지 않았던 것은 아니나 내게 주신 은혜를 따라 내면세계의 성장을 키우는 일에 초점을 두고 살아온 삶이 체질이 된 것 같아 조용히 가정에서나 사회에서 살아왔다. 성공에 눈뜨지 못하고 팔삭둥이로 늘 뒤떨어지게 살아 아주 작은 민초로 살아왔을 뿐이다. 교회 안에서도 소리 없이 남길 것 하나 없는 삶이었으니 실패자로 보일 수밖에 없는 디아스포라가 되어 살아온 자의 모습이다. 한발 뒤로하고 살아온 실패자의 모습이라.

그러나 나의 나 된 것은 전적인 하나님의 은혜라! 완전한 벙어리로 살아가는 자가 되어(에피와 엔)이 동시에 하나 되어 나타나는 성령의 역사(외적 활동과 내적 활동)를 이 나의 손끝으로 모여드는 공기 방울들을 모아 글로 써서 남겨 두었던 일기장 같은 모음집이 있는데 이것들을 한 권의 책으로 사랑하는 큰아들이 만들어 드리겠다고 해서 오늘은 치과에 가면서 아들에게 넘겨주고 올 것이다. 이렇게 귀한 아들이 있어 나는 더욱 행복해진다. 오늘도 새로운 날이다. Happy Day. 할렐루~야! 나도 할렐루야 할머니가 되어있네

우리들의 그 양식

하나님 말씀을 음식으로 먹을 때와 보약으로 마실 때와는 분명한 차이가 있음을 보네.

매일 매끼 먹는 음식은 생명의 몸이 자라가도록 피와 살이 되게 해주는 양식이 되지만 보약으로 마시는 특별한 말씀은 생명의 몸을 자라게도 해주며 힘을 돋우어 주는 강장제가 되어 생명이 강철 같은 진군이 되어 에너지가 넘치는 강력한 무기로 결국 전쟁에 사용되는 새로운 악기가 되어 쓰이는 무기로도 될 수가 있겠구나!.

지식으로?(눈으로 들어가고), 양식으로?(위로 들어간다) {톤 아르톤 헤몬 톤 에피우시온}

일용한 양식으로냐? 특별한 보약으로냐?

영적인 신앙생활도 육이 살아가는 세상 원리와 똑같은 부분이 너무 많으니 자기를 살피고 성찰하여 내 영혼의 건강상태에 따라서 하나님 말씀을 잘 먹고 마시며 살아감으로 유복하게 살라

우리들의 나라는!

내게도 나라가, 나라가 있다는 것이 눈물이 나요. 이 나라 안에서, 이 나라 안에서 이렇게 살고 있다는 것, 이 사실이 더 눈물 나게 하네요. 아직도 생명의 기운이 살아 숨 쉬고 있어 귀로 그 소리를 들을 수 있으며 눈으로 직시하여 볼 수 있고 손으로 감지하여 만져볼 수 있는 이 시간이 있기에 뜨거운 눈물이 떨어지네요.

아버지께서는 내가 뜨거운 눈물 흘릴 때 그때마다 항상 알아듣지도 못하는 말씀으로 내게 토닥토닥 해주셨지요. "내 나라는 이런 것이니라"라고요. 오늘은 다~ 알아들을 수가 있네요.

"이 나라가 나의 나라"라고 만약에 스스로 내 입술로 말할지라도 다~ 알아듣겠어요. 더 나아가 "보라! 이것이 권세요. 이것이 영광이니라."라고 고백할지라도 알아들을 수가 있네요.

아버지와 그의 아들 예수 그리스도와 함께 교제하는 생명의 삶을 살아가는 자들이 성령으로 모여지는 우리들(헤 헤메테라) 그 나라이지요.

이 나라는 너희들의 나라요, 나의 나라이니라. 나의 나라는 너희들의 나라이니라! 아멘~

생각과 말이 먹거리라!

사람의 다양한 인체 기관 중에는 똥을 담고 있는 기관도 있다. 음식물이 들어가는 입구도 있고 들어간 음식물 찌꺼기가 똥이 되어 나가는 기관도 있다. 또한 사람은 생각하는 기관이 있는데 정신이라고도 하고 혼이라고도 할 수 있는 기관도 있고 또 더 나아가 더 깊은 곳에는 영이라는 기관이 있어서 만물에 영장이라고 부르기도 하지만 영이 어떤 존재가 되어 살고 있는가에 따라서 짐승만도 못한 인간이라는 말을 듣게도 된다.

짐승과는 다르게 사람이라면 영, 혼, 육이 하나로 되는 존재로서 살리는 영을 가지고 삶을 살아가야 산사람이라고 부를 수가 있다. 영혼도 입구인 입과 출구인 항문과도 같은 기관이 있다고 보면 어떨까 싶은 마음으로 나는 이렇게 표현해 본다.

입은 생각하는 기관이요, 항문은 망각하는 기관이라고 보고 싶은데.

생각하는 기관이 건강하고 망각하는 기관이 정상적이어야 온전한 사람으로 인정을 받을 수 있듯이 혼의 사람도, 영의 사람도 다~ 그러하리라.

입으로 들어가는 음식이 더러운 것이 아니라 너의 입에서 나오는 말이 더러운 것이라고 하신 말씀이 있듯이 지금 너는 어떠한 생각을 하고 무엇을 위해서 살아가고 있느냐? 그것이 너의 먹거리가 될 것이요, 그래서 너의 몸을 이루어 갈 것이리라. 생각한 바를 받아들이면 그 양식을 먹었다는 뜻이다. 그리고 다시 그 생각들이 똥이 되어 나올 때 어떠한 자세로 망각의 기관이 활동하느냐에 따라서 드러나 나타나게 될 것이다.

도끼로 깨어 부순다고 해서 부서지는 것도 아니요. 따뜻한 설탕물로 녹여 준다 해서 부드러워지는 것도 아니요, 양잿물로 삶는다고 해서 깨끗해지는 것도 아니요. 나와 내 가족 식구들을 비롯하여 세상 사람들의 삶을 살아가는 모습을 보면서 특별히 대한민국의 정치, 경제, 종교인들의 내막을 터트리는 말(言語)들 전쟁터에서 나도 시시비비를 가르다 보노라면 속으로부터 나이가 들도록 한 번도 해보지 못한 욕설들이 터져 나와도 말해 줄 상대가 없었기 때문에 그렇지 탄식하며 주로 허공에다 쏟아붓곤 했다.

이제는 내 생각에 있던 그 똥들을 다~ 쏟으며 매일, 순간마다 느끼며 대청소를 하다 보니 망각의 기관이 은혜로 처리되는 건강한 사람이 되어진 것 같다.

살리는 것은 영이니 육은 무익하니라. 내가 너희에게 이른 말이 영이요. 생명이니라.(요한복음6; 63)

그렇습니다. 영의 말씀과 영의 기도 안에서 거룩해집니다. 내 입술로 나가는 말이 사람의 생각에서 나오는 말이냐 아니면 하나님의 생각에서 나오는 레마의 말씀이냐? 에 따라서 욕설까지도 거룩이 구별되는 과정도 체험하고 지나가는 것을 보았기에 더한 감사를 하게 되었네.

산속 옹달샘

"깊은 산속 옹달샘 동요" 이 노래가 터치고 올라온다.

잠자다 새벽에 깨어 일어나 세수하러 나온 산토끼가 마시고 가는 깊은 산속 옹달샘, 달밤에 숨바꼭질 하던 노루가 목이 말라 물먹으러 찾아오는 맑은 옹달샘

내 영혼은 깊은 산속 靈山 "옹달샘"으로 가고 싶다. 靈山에 가고 싶다. 靈山에 살고 싶다. 靈山에 눕고 싶다. 聖靈이 흐르고 있는 靈山 속으로만 떠나고 싶다.

맑은 옹달샘을 가지고 있는 山만이 靈山인 것을 몸은 알고 있기에 이러는 것이지! 이 세상 지구를 천만번 억만 번 돌고 돌아 찾아보아도 찾을 수 없는게야. 왜냐구? 네 속에다 감추어 두었거든, 아이구!~ 아버지여~ 당신은 왜 이리 짓궂으시나요?

날마다 보물찾기 하듯 살라하시면, 이 세상은 언제 살아보라고요?

세상을 떠나 살라고 할 것 같으면 내가 너 같은 팔푼이를 뭐하러 이곳으로 던졌겠느냐? 반드시 이 세상에서 찾고 구하고 두드려서 찾아내야만 너의 것이 되느라.

맑고 맑은 "옹달샘"을 가진 산이 될 때까지! 자유롭게 뛰어놀던 산토끼가 세수하러 왔다가 먹고 가는 "옹달샘"이 될 때까지. 달밤에 숨바꼭질 하다 목이 말라 찾아오는 노루가 마시고 가는 "옹달샘"이 될 때까지...

예. 알겠습니다. 깊고 깊은 산골짜기 속에 맑고 맑은 옹달샘으로 살게

하시려고 던지신 팔푼이라는 사실을 알았습니다. 오히려 감사해야 하네요. 아버지! 감사해요.

Chapter 2

내가 사랑하고 원하는 나라

기러기들처럼
쌍두마차 사이에
구원하소서
축복하소서
전쟁 무기?
하신 말씀과 이루신 말씀
복음의 비밀
깃발을 고르게 하라
쌀 나무 한그루
의료을 위한 환락
내 소원 이루어 주시옵소서!
북곽에 빛진 삶
하나님으로 살아계셔라
새로운 축시
청신한 역작
기우제로다

기러기들처럼

한 사람이 걸어가는 영혼의 길도 천리만리인데 한 가족이 손잡고 함께 간다는 일은 그리 간단한 일이 아니다. 영혼 구원을 위하여 목숨 바쳐 싸우며 일하는 신앙생활의 모습조차 모두가 다르게 보이는 이때, 공원에 운동하러 나갔다가 어디선가 이상한 소리가 들려와서 걷던 걸음을 멈추고 귀를 조아리고 있었더니 다름 아닌 맑고 밝은 하늘인 공중에서 와글와글 떠들어 대며 날아가는 기러기 무리의 질서정연하게 날아가는 모습이었다.

1진, 2진, 3진, 4진 대장정의 여행길을 떠나는 것 같았다. 날아가는 새들이라 입 다물고 조용히 날아가는 줄로만 알았었는데 보통 시끄러운 것이 아니었다. 그들이 함께 외치는 구호는 무엇인지는 모르겠지만 그들끼리 잘 소통하며 날아가는 것이 분명하다.

최종 목적지에 도달하기까지 한 마리도 한눈팔지 말고 졸지 말고 깨어 함께 가자고 통성으로 기도하는 것이겠지 하고 웃기도 했지만, 지금 우리나라 대한민국 안에서 일어난 현실문제가 심각하게 떠올랐다.

저 날짐승들의 세계만도 못하고 벌, 나비들의 세계만도 못한 나라를 보며 하나님 나라를 꿈꾸며 그리워하지 않을 수가 없었다. 인간 나라에 태어나 살면서 운동하러 공원에 나가 걷는 도중에 공중에서 와글와글 떠들며 날아가는 소리를 듣고 기러기들의 실체를 확실하게 보았듯이 우리 인간들이 인간답게 살아야 하는 개인과 가족과 그리고 나아가 종교 단체들과 사회와 국가가 반드시 지향해 가야 할 목적지가 있을 거라고 믿으며 집으로 들어왔다.

나는 다시 내 삶의 현주소를 확인해 본다. 무리 지어 날아가는 기러기들의 모습을 보며 조직사회에서 나와서 나 홀로 살아가고 있는 내 영혼의 상태를, 내가 75년 동안 살아온 자유대한민국 내 나라 안에 일어난 지금의 내란을 통해 확인해 보고 있다.

밤하늘을 날아가는 기러기에서 벗어나 맑고 밝은 대낮의 하늘을 날아가는 기러기들처럼!

오, 그리스도의 족보에 새겨진 이름 "그리스도인들이여!~" 그중에 만삭되지 못하여 난자 같은 나를 본다. 할렐루야.

쌍두마차 사이에

쌍두마차 사이에 자유 대한민국의 깃발이 꽂혀 있어요.

하나님과 사단 사이에 그리스도의 깃발이 꽂혀 있어요.

여호와의 종들이 이 비밀을 다 알아 버렸으니 사탄은 발악할 것입니다.

그러나 걱정할 필요가 없어요.

머리를 쳤으니 차례로 다 무너져 내려갈 것입니다.

하늘에서 돌이 날라와 신상의 발가락을 쳤으니 우르르 다 무너질

것입니다.

결국에는 사단도 하나님의 일을 하니까요.

광명의 천사까지도 반드시 그 나라를 세워 갈 것입니다.

쌍두마차 사이에 여호와의 깃발이 날리듯이

자유 대한민국의 깃발이 펄럭이며 나부끼는 그날이 다시 올 것입니다.

새 하늘과 새 땅이 임하고 새 예루살렘이 내려옵니다.

대한민국을 사랑하시는 하나님께서 마지막 이 시대에 복음의

수출국으로 축복하십니다.

구원하소서

대한민국은 내가 태어난 나라입니다.

대한민국은 내가 자라난 나라입니다.

대한민국은 나와 함께 성장한 나라입니다.

살기 좋은 나라요, 따뜻하고 아름답고 정 많은 나라입니다.

잠에서 깨어났다. 내 나라 대한민국이 왜 이래? 시간을 보니 밤 12시, 잘 넘어간다. 1월 31일 새날 새 시간으로 넘어갔구나!

내 속에 한 영상이 떠오른다. 대낮에 동굴 속에서 가족인 어미 닭과 새끼병아리들이 평화로이 누리며 즐기고 있을 때 커다란 독사 한 마리가 냄새를 맡고 달려오는 것을 보고 어미 닭은 재빨리 새끼들을 두 날개를 펴서 가슴속에 품었으나 독사는 그를 통으로 둘둘 말아 숨을 죽이고 있었다. 거의 반 죽어가고 있을 때 마을의 한 청년이 급히 달려와 그 뱀의 머리 급소를 잡아 쥐고 죽인 후 그 크고 긴 몸을 완전히 누여놓고 어미 닭과 새끼병아리들은 살려놓고 청년은 소리 없이 어디론가 사라지는 영상을 떠올려 보면서 우리네 인생들의 생존 세계에서의 본능의 삶을 관찰하지 않을 수 없다.

왜냐하면 생명 세계의 본능의 삶을 살펴보기 위한 비유와 징조로서 암탉과 병아리와의 관계, 그리고 이 존재들의 삶의 방법, 큰 뱀의 생존의 본능 방법을 통하여 영의 세계의 삶을 비교해본다.

개인, 가정, 교회, 사회, 국가, 나라, 그리고 "현재의 대한민국"

우리나라와 온 백성들의 모습을 품어주며 함께 살아온 어미 닭 같은 자유 대한민국. 이 자유 대한민국에 큰 독사가 나타나 그 긴 몸으로 둘둘 말아 죽여가고 있는 모습이다. 그 독사를 잡아 죽이고 어미 닭과 그 품속의 새끼들을 다 살릴 수 있는 구원자를 기다리고 있습니다. 그 사람이 찾아와야만 되겠습니다. 관찰자의 마음은 타들어 갑니다.

주님~ 나타내 보이소서...

축복하소서

배추 두 망을 사다가 김치를 담갔더니 아무리 쉬엄쉬엄 놀아가며 담 갔어도 무척 피곤했나 보다. 저녁밥을 먹고 나자마자 추워서 이불 속으로 들어가 유튜브를 열어 조나단 목사님이 '대면 예배'로 홀로 기도와 찬송과 말씀으로 설교와 예베를 인도하며 사역하시는 모습을 보니 날이 갈수록 귀하게 여겨진다. 이분께서도 그동안 대한민국 교회의 부흥을 위해 일하셨던 부흥강사이셨던 분이신 것 같다.

내가 예수를 만나 하나님을 사랑하기 시작하면서부터는 교회를 (1978~ 1998까지) 다녔지만 교단이나 교회들이나 종교 단체들에는 관심이 없었고 오직 내 영혼이 살아가는 삶의 인도를 따라서 성경 속에 기록된 말씀들과 종교 서적들과 교회 안에 믿음의 성도들과 교제하며 영육의 삶을 매우 조용히 살아왔기에 부흥 강사들이나 목사님들에 대해서 관심 없이 살아왔다. 그러기에 내게 스쳐 지나가는 바람결에라도 나는 전혀 이 두 분의 이름을 들어 본 적이 없었지 아니했나 싶다.

1978년 봄에 김충기 목사님 부부를 직접 뵐 수 있었지만 조용기, 오관석 목사님과 하물며 장경동 목사님의 설교까지도 한 번도 들어보지 못하며, 나의 육신 생활도, 영혼의 신앙생활도 똑같이 온실 속 화초처럼 살았으니 '민들레' 같이 살아온 편이다. 오직 내 가슴 너머 뱃속 깊은 곳에서 조용히 올라오는 그 소리(음성)에만 관심이 있어서 "이것이 무엇이지?" 라고 하며 찾아 들어가 영과 혼과 몸이 하나 되어 태양과 바람과 비를 맞으며 세월 따라 흘러 살아온 날들이 오늘 이 시간까지 살아온 삶이 내 모든 전체의 삶이었구나.

감사하다. 정말 감사하다. 영적으로나 육으로, 온실 속에서 자라난 한 송이 민들레꽃 같기도 하고 높은 산꼭대기 바위틈 사이에서 자라난 아주 키 작은 소나무 한그루 같은 그러한 사람이었네.

요즈음에는 유튜브를 열어서 사랑교회 예배시간으로 들어가 그곳에서 예배에 동참하여 웃기도 하고 울기도 하고 간구와 기도도 하고 찬양과 노래도 하면서 댓글도 달면서 가슴 아파하며 나라를 위해 교회들을 위해 청교도 목사님들을 위해 기도할 수밖에 없다. 이 세상이 멸망되거나 새로운 세상이 창조되기 전까지는 인간의 전쟁 역사는 끊임없이 주어지고 있을 테니까.

내가 나를 보아도 이해가 되지 않는 요즈음의 나다. 마치 '미친년'처럼 내 몸으로 낳은 두 아들을 위해 잠 못 이루며 근심 걱정 염려하며 몸살을 하며 살아왔던 때처럼 2019년 12월부터는 내 아들들보다는 사랑제일교회를 위해서 걱정하며 염려하며 생각하며 묵상으로 기도를 하며 유튜브를 통해서 오직 전 목사님 소식과 사랑교회 소식 듣기만을 원하여 너 알아 T.V소식을 늘 기다리며 살고 있는 광인의 모습인 것을 내가 볼 수가 있다.

나라가 어찌 되던 아버지께서 아들 전광훈 목사님 한 분 만큼은 살리셔서 감옥에서 나오시면 애국 운동은 이제 그만하게 하시고 미국으로 보내드려서 노년에는 좀 편하게 사역하시면서 온 가족이 행복하게 살아보시도록 해드렸으면 좋겠다는 그러한 마음이 내게서 떠나지 않으나 웬일인지 내가 나를 들여다봐도 세상 사람들이 보면 미쳤다고 하겠지만 나는 너무 정당하다. 감옥에서 나오시면 한번 찾아가 얼굴이라도 한번 뵙고 싶으니 마치 열여섯 소녀의 꿈같은 사랑을 하는 것 같은 그러한 수줍은 꽃 같은 내 모습이다. 정말로 이상한 나라에서 살고 있는 우스꽝스러운 일이 아닌가! 아~ 이제 알았다. 오~ 하나님 아버지여! 감사합니다. 할렐루야. 아멘. "베레쉬트 바라 엘로힘 에트 하샤마임 베에트 하아렛츠"

전쟁 무기?

이 나이가 되기까지 살아오면서 나는 국회의원 선거 한번 아니했을지라도 편히 자유롭게 살아왔다. 선거하지 않는 사람은 아주 무식한 사람이라며 국가에 대한 기본의무와 책임을 상실한 사람이라는 소리를 들었어도 부끄러움 없이 내 마음은 편안했고 자유로웠다.

그런데 2019년 10월부터 내 마음속에서 한국 역사에 대한 의아심과 의구심이 들기 시작해서 TV 프로를 보며 조금씩 공부하기 시작하고 핸드폰을 가까이하며 유튜브 방송을 시청하는데 작년 12월8일부터 내 나라에 대한 애국심이 불일듯이 일어나기 시작하여 75년 세월 동안 그렇게 누리고 살아왔던 자유의 근본 뿌리가 하나님으로부터 세워진 자유민주주의 체제와 자유경제가 근본 바탕이 되는 자유대한민국임을 알았기에 반드시 선거에 참여할 의무와 책임이 있는 주권행사를 포기하였던 것에 대한 죄의식을 가지게 되었다.

그러나 나는 회개하고 이제라도 일어나 정신을 차리고 내가 누리는 이 자유에 대한 실체를 신앙으로 바르게 후세들에게 전하여 주기 위해 몸으로는 뛰지 못하지만 하나님의 사람으로 내 영혼이 걸어온 그리스도인 삶으로 하루하루 순간순간 낙서하듯 일기를 쓰면서 살고 있다.

요즈음에는 잠을 설치며 자나 깨나 내가 그렇게 자유롭게 살아왔던 그리스도의 생명과 사랑과 거룩과 진리의 자유를 마음껏 누리고 살아온 나는 내 나라를 위해 기도를 하며 살고 있다.

"코로나19"로 국민을 공포로 몰아가고 병들게 하고 애국의 마음을 가지고 살아가고 있는 약하고 가난한 민초 애국자들을 스스로 살 수 없게 탄압하는 것 같으며 또한 더 나가서 현재 집권하고 있는 정권이 정치 전쟁 무기로 사용하여서 특종 종교 단체를 마녀사냥 하여 죽이려 하는 것 같아서 안타까운 마음과 손가락으로 이렇게 기록해 둔다. 이 시대에 약한 애국 민초들의 부르짖음이 상달 되어서 빨리 지나가도록!

하신 말씀과 이루신 말씀

　무엇 때문에 이렇게 오래 살아 험한 꼴을 보게 되는 것일까? 세상 떠나간 믿음의 형제들이 그리워진다. 한가정 안에서 내 영혼의 이 길을 따라간다는 것이 그리 쉬운 일이 아니요 더 나아가서 한교회 안에서 신앙생활 한다는 것이 역시나 그리 쉬운 일이 아니라고 믿고 살아왔는데 2019년 10월부터는 자유 대한민국의 정치위기가 찾아오기 시작하더니만 이제는 완전히 기독교 탄압문제로 깊어지며 내란이 일어나 완전히 전쟁 중이다.

　이 나라의 멸망이 이렇게 쉽게 오다니, 지도자 한 사람에 의하여 나라가 이게 뭐야, 80%가 이미 침몰되어 버린 상태라고 믿어진다. 그런데 더 놀라게 한 일이 일어났는데 27일에 유튜브를 열었더니 25일 밤부터 26일에 일어났던 처참했던 현장의 방송이었다. 내 나이 75세가 되도록 이런 처참한 현장은 처음 보는 것 같다. 왜냐하면, 나는 밖으로 시선을 돌리지 않고 나 자신과 내 가족 식구들에게만 관심을 쏟고 살아온 아주 폭이 좁은 생활을 해왔기 때문이었고 어려서부터도 고요하게 집안에서만 살았지 사회적인 활동의 필요성을 느끼며 살지 않았기 때문에 4.19, 5.16, 5.18 등 유혈사태를 뉴스로라도 시청할 기회가 없었던 것 같다. (아니, 나는 관심이 없었겠지)

　그러나 이제야 이러한 무서운 정치적, 종교적, 이념적 전쟁을 지켜서서 바라볼 수 있게 되어진 때에 하필이면 사랑교회만을 중점적으로 그렇게 무자비하게 질타하는 집권세력의 행패를 보면서 왜 내가 오래 살아서 이 나라에서 이런 꼴을 보아야만 하는지 가슴도 아프고 발을 동동 구르지 않을 수가 없었다.(선지자요, 애국 목사님은 감옥에 가두어 놓고 교회는 통으로 빼앗으려 하니 이럴 수는 없다.)

이 땅에서 이렇게 산다는 것은 정말 너무 처절해서 눈을 뜨고 볼 수가 없구나! 결국 이런 상황을 예견이나 했듯이 지난 23일부터 며칠 동안에 숨소리까지 죽여가는 부르짖음이 있어서 도대체 이것이 뭐야? 라고 읊고 다니다가 의미 없는 이 삶을 벗어나기 위해 배추 6포기와 양념거리들을 사다가 일부러 김장을 새벽 3시까지 해놓고 자고 일어나 또 아침식사를 하려고 틀니를 닦는데 그만 금속이 쪼개져서 어쩔 수 없어 힘이 들어 발걸음이 떼어지지 않아도 오후에 서울로 올라가서 본을 다시 뜨시고 부러진 틀니는 고치려고 했다.

사랑교회 뉴스를 늦게 보게 된 것인데도 가슴이 떨리고 기가 막혀 너무 그 처절함이 내게 전이가 되어 오는 것이었다. 그러나 하나님은 하나님의 때에 하나님의 방법으로 하나님의 일을 반드시 진행하여 가실 것이다.

복음의 비밀

복음 안에는 하나님의 의가 들어있어서 생명을 살리는 일을 하는데 어찌 사람의 의가 이 복음을 죽일 수 있으리오. 하나님께서 1년 6개월 동안 크신 일을 하셨나이다.

수십 년 동안 대한민국에서 하나님의 말씀을 받은 사람들을 통하여 교회를 세우시고 복음을 전파하게 하셔서 하나님 나라를 알리는 일을 하게 하셨는데 이제는 끝났습니다. 왜냐구요? 이제는 실체들이 나타나서 하나님의 나라를 살아가는 존재들로서 몸으로 직접 살고 있기 때문입니다.

빛과 어두움, 그리스도와 적그리스도, 진짜와 가짜, 참과 거짓, 실체와 그림자. 어두움을 어두움이라 하고 적그리스도를 적그리스도라 하고, 가짜를 가짜로, 거짓을 거짓이라고, 그림자를 그림자라는 그 사실을 사실로 알리고 대적하여 싸우고 있는 실체들이 몸으로 삶을 살아내고 있기 때문입니다.

지금은 온 세계가 전쟁을 하고 있습니다. 지구촌이 몸살을 앓고 있습니다. 대한민국은 공중에 떠서 몸살을 앓고 있습니다. 악의 세력으로 말미암아 복음을 가진 자들을 옥에 가둬 죽이려 하지만 그들이 가진 복음 안에는 하나님의 의가 들어있는데 어찌 저들이 이들을 대항할 수 있겠습니까. 결코 이길 수는 없습니다.

빛의 나라, 진실의 나라, 거짓은 사라지고 실체들이 활동하는 새로운 세상인 메시야의 나라 곧 그리스도의 나라가 세워질 것입니다. 나는 이렇게 당당히 말할 수 있습니다. 왜냐구요? 첫째로 복음은 나를 이겼습니다. 대적자요 훼방자요, 핍박자인 나를 이겼습니다. 42년 전에 내 안에 말씀씨의 몸으로 오셔서 42년 세월 동안 나의 자아(ego)를 두 길로 가르고 나아와 내 자신(self)를 죽이고 썩어지게 하여 먼지 티끌로 돌아가게 하시며 오직 그리스도 (god-self)이신 예수 한 사람을 탄생케 하시어 이 몸 안에서 성령 하나님이 키우시며 살아오게 하셨습니다.

농부가 한 알의 씨앗의 성장 과정을 기록하듯이 그동안 기록하여 온 일기장들을 열어 보여주고 그 진실의 길을 밝히 설명하여 말해줄 수도 있습니다. 거짓과 참에 대하여, 그리스도와 사단에 대하여, 사람과 사랑에 대하여, 빛과 어둠에 대하여 실체와 그림자에 대하여 이제는 입을 열어 말할 수도 있게 되었지요.

42년의 세월 동안 내 영혼의 삶의 기록장들이 나를 증거하고 있지요. 그리고 그 속에서 그것들이 입을 열어 말하고 싶어 하네요. 이 복음 안에는 하나님의(디카이오수네) 의가 들어 있어서 그 무엇도, 그 누구도 이 복음과는 대항하여 싸워 이길 수 있는 장수는 세상에 하나도 없다고 말을 해주고 있지요. 그리고 생명의 씨알은 수 만 년이 흘러도 살아있다고 말을 해요.

언제든지 흙과 하나로 만나기만 한다면 뿌리를 내리며 자라나서 꽃을 피우고 반드시 그 열매를 맺는다고요. 생명을 깨트려 보세요. 자라나게 하는 힘이 보이나요? 보이지 아니하는 큰 비밀이지요. 이것이 하나님의 능력이랍니다. 하나님과 대적하여 싸워보겠다고요? 싸워보세요. 끝까지 결심하며 대적하고 싸워보세요. 오히려 싹이 터치고 올라오는 땅의 비밀까지도 알게 될 것입니다.

깃털을 고르게 하라

거룩한 성 새 예루살렘을 바라보며 그곳을 향하여 날아가던 제1호 기러기 무리들이여! 바벨론 포로 생활을 이기고 빠져나와 바다 한가운데 있는 바위섬에 홀로 앉아 슬픈 노래 부르고 있을 때 어디선가 들려오는 마지막 사람 선지자의 외치는 소리를 듣고 뛰어나와 함께 슬픔과 기쁨의 노래를 부르며 외치는 특공대들로 앞장서서 사랑의 혼신을 다해 함께 승전가를 부르며 힘써 싸우던 제1호 사랑기러기 백성들아!

이제는 그만 숨을 고르게 하고 다시 날아가기 전에 깃털들을 고르게 하라. 보이는 저 거룩한 성 새 예루살렘 성안으로 들어가 새 노래를 부르며 새 일을 하면서 살아갈 준비를 위하여 홀로 기획하고 있는 백전노장의 힘 있는 사람 기러기 장수와 함께 하나 되어 복음 악기들을 잘 만지고 다듬어서 "예수 한국, 복음 통일" 이루어 세계를 향한 복음 수출국으로서 동방의 빛의 나라를 이루어 자손만대 잘 살아가도록 메시야 나라의 일꾼들로 받은 은사 따라 일하며 살도록 하자.

쌀 나무 한 그루

　꿀잠을 자고 일어나 성경공부를 할까 하다가 추워서 이불 속으로 다시 들어가 누워 묵상을 했다. 온실 속에서 자라난 야생초 같기도 하고 집안에서 자라난 사랑만 받고 자라나는 애완용 개와 같은 삶을 살아온 아주 작고도 힘이 없는 그런 자 같아서 차라리 이 세상에 태어나지 않았어도 좋았을 뻔했던 한 여인의 삶을 살아왔구나. 라고 지난날을 회상하다가 유튜브로 들어갔더니 "빌레몬서"의 말씀이 떠올라와 있어 반가워 기뻐 듣기 시작했다.

　영의 전파를 타고 함께 묵상하다가 벌떡 일어나 앉아서 댓글을 달기 시작했다. 쓰다 보니 독점 공간이 되었고 써놓은 것을 읽어보니 청와대 대통령님께 보내는 청원서가 된 것 같은 느낌이 와서 메모장에 다 옮겨 놓고 다시 이불속으로 들어와 블로그에 이 글을 쓴다.

　내가 만약에 제대로 글을 쓰는 글쟁이라면 청원서라도 써서 보내 드리고 싶고 내가 만약에 국회의원이라면 대통령을 만나 조용히 찾아가 말해 보고 싶고 내가 만약에 종교인들의 지도자라면 찾아가서 입을 열어 소신을 밝혀 드리고 싶고 내가 만약에 세상에서 성공한 그 무엇이라도 가지고 있는 똑똑함이 있어 청와대 청소부나 파출부라도 될 수 있는 능력이 있는 여인이 되어있다면 대통령 식구들에게 이 하늘의 비밀을 일대일로 말해 줄 수 있을 것 같은데.

　이 깊은 하늘의 비밀에 대하여 비사와 비유와 상징을 풀어 드릴 수 있겠는데, 이 세상 사람들의 눈으로는 바보로, 아니면 미친 사람으로밖에 볼 수 없는 그런 잡초 같은 인생이니 청와대로 가는 길을 알도록 도와주는 사람이 나타났으면 좋겠다.

나라의 구원도 좋겠지만 지금 대통령의 영과 혼과 남아 있는 육체의 때가 사망의 그림자 골짜기를 지나는 세상에서 그의 모습이 보이기 때문이다. 그래도 나의 남편은 아직도 나의 그늘 아래에서 함께 숨 쉬고 있으니까 마지막 숨을 내뿜을 시간까지 회개할 수 있는 삶의 기회가 있으리라 믿는다. 그는 나에게만 가정의 방망이 역할을 했지만 대통령은 온 백성들에게 휘두르는 나라의 몽둥이 역할을 했으니 어찌 이 심판을 면하겠나 싶어서 할 수만 있다면 만나 보고 싶다.

신의 바람 타고 날아가 산꼭대기 바위 사이에 심어져 살아온 볍씨 한 알. 42년 세월 동안에 한 가정 안에서 고통의 바람 타고 잘 자라난 네 영혼아! 이제는 쌀 나무가 되었으니 세상으로 내려가 이 환란의 시대 속에서 바람 타고 씨들이 훨훨 날아가게 하리라. 이것이 삶의 완성이니라. 아멘

회복을 위한 환란

　개인과 가정에서도 환란을 통해 성숙해지듯이 자유대한민국 우리나라에도 지금 임해있는 환란 속에서 대통령을 비롯하여 온 백성들이 모두 다 성숙해 졌으면 좋겠다. 환란은 인내를, 인내는 결국 소망을 낳듯이 제발 이 어려움을 통하여 만유 회복의 축복이 임하는 새로운 대한민국이 되어 하나님의 축복을 받는 나라가 되기를 소망하며 기도합니다.

　"예수 한국, 복음 통일." 대대손손 영원무궁한 복을 받는 "자유민주주의 대한민국" 새 예루살렘(영적 이스라엘 땅의)의 복이 임하기를 간절히 원합니다.

내 소원 이루어 주시옵소서!

"성경을 이루기 위함이라."

승리는 내 것일세. 승리는 내 것일세. 구세주의 보혈로써 승리는 내 것
일세 내 것 일 세. 승리만은 구세주의 보혈로써 항상 이기네.

전광훈 목사(선지자)님의 구호처럼 나도 이겼습니다. 나도 이깁니다.
"예수 한국 & 복음 통일"

개인이나, 가정이나, 교회나, 사회나, 국가나, 세계가 하나 되는 길은
"오직 예수" "오직 복음으로" 하나가 되어야만 세계의 자유와 평화 통일
이 이루어지는 것이지 절대로 그 무엇으로는 될 수 없다는 사실이 오늘
날 "대한민국" 우리나라 안에서 실제상황으로 적나라하게 나타나고 있
습니다.

지금 생명을 걸고 싸우고 있습니다. 자유 평화와 남북통일을 위한 전
쟁이지요. 그러나 이 전쟁은 깊이 들어가 보면 "영적 전쟁"이라고 보지
않을 수 없어요. 왜냐하면 나의 가정 안에서 50년 경험한 전쟁의 역사
를 기록으로 가지고 있기 때문이지요.

우리들의 육신은 죽어도 영은 살아 존재하고 있을 것인데 사망의 존재
냐, 생명의 존재냐로 나누어 살아가게 되기 때문이지요. 사람 속에 있는
혼이 무엇으로 어떻게 살았느냐에 따라서 각 사람의 영혼은 죽지 아니하

고 그 어떤 형상으로 살게 될 것입니다. 속사람의 영이 살아온 형상들이 각양의 모습으로 창세기 1장의 설계도 안에 그려진 각 종류대로 우리를 통하여 나타나 볼 수 있게 된다는 말씀이지요.

예수그리스도의 형상과 모양으로 자라나는 영적 사람들이 살아있어 모여지는 성령불이 일어난 곳에는 기름을 퍼붓듯이 불이 더 일어날 것입니다. 그동안 평생 살면서 대한민국에서 국민의 의무를 전혀 하지 아니하고도 나는 평생 자유를 풍성히 누린 것에 대한 은혜와 죄의식이 발동하여 하나님의 사랑에 빚진 자로서 핍박과 환란을 매일 경험하고 있는 애국자들과 애국 성도들이 영적, 육적 전쟁을 함께 치르고 있는 살아있는 교회로 합류하고 싶어 애국 운동 본부의 총사령관 역할을 감당하시고 계시는 전 목사님께서 시무하시는 사랑교회에 가서 함께 봉사하고 싶은데 무엇으로 해야할지...

이제는 내 영혼 속에 그동안 고여있던 기름을 그곳에 부어 버리고 난 후에 내 육신까지도 함께 동거동락 하면서 던지며 살고 싶어요. 그래서 그곳에서 함께 기도하면서 함께 선지자의 입에서 나오는 삶의 말씀을 듣고 또 함께 찬송하고 오직 주의 사랑으로 믿음으로 소망으로 힘차고 기쁘게 움직이며 내 나라에 대한 사랑의 빚을 갚으며 살고 싶은 삶이 나의 마지막 소원입니다. 아버지여 이루어 주시옵소서!

복음에 빚진 삶

　내 평생 살아오면서 알고도 지은 죄, 모르고도 지은 죄, 온몸이 죄로 뻘겋게 물들어 있었던 죄인이었었네. 내 평생 살아오면서 알고도 지은 빚, 모르고도 지은 빚, 내 머리 위를 덮어 버렸었네. 내 평생 살아오면서 죄의 빚, 은혜의 빚 어찌 다 갚을 수 있었으랴! 아~ 일생 그중에 가장 붉은 죄, 아~ 일생 그중에 가장 고귀한 빚 자유 대한민국의 진가를 모르고 거저 살아온 죄.

　대한민국을 알게 된 은혜의 빚 어찌 다 갚을 수 있으리, 2015년 남편이 의자에 앉아있다가 갑자기 미끄러지듯이 방바닥으로 쓰러져 내려와 누워서 머리를 내 다리에 올려놓고 편하게 누워 놓은 후에 119를 부르겠다고 하니까 부르지 말고 아들에게 연락하라고 해서 전화를 하고 기다리는데 "지금은 아니야. 아니야. 안돼, 안돼. 사랑의 빚 갚아야 돼."라고 하면서 울고 있었던 6년 전의 사건이 떠오른다.

　그날 그 시간의 쇼크로 나의 팔목 전체가 갑자기 끊어지듯 아프더니 시퍼렇게 멍이 드는 것을 보며 찍어두었던 사진도 있어서 찾아보니 없다. 먼저 사용했었던 핸폰에 남아 있을 것이다. 그날 그때. 내 입으로 외친 그 말, "지금은 아니야, 아니야. 않되, 사랑의 빚 갚아야 돼."라고 외치며 말했던 그때 그 말의 의미를 깨닫지 못하고 지금까지 살아왔는데 오늘 아침에 확실하게 알게 되었다.

　왜 내가 그런 말을 했을까. 라고 했던 그 말의 상대가 누구인지 풀리지 않았었는데 오늘에서야 풀리네. 나는 하나님의 은혜 가운데서와 자유 대한민국인 내 나라에 살며 국민의 의무와 책임 의식도 없이 투표 한번 하지 아니하고도 자유롭게 잘 살아온 부끄러운 사람이다. 따지고 보면 나는 선거권 권리를 포기해 버린 국민의 한 사람으로 부끄러운 죄의식을 가지게 하시려고 8개월 전부터 유튜브 안에서 광화문 광야집회와 전목사님의 설교 말씀들을 통하여 잠재의식 안에 있었던 애국심이 의심 없이 터지고 나오게 하셨던 아버지 하나님의 크신 사랑을 체험하며 내가 75년 살아온 삶 중에 국가에게 갚아야 할 빚들이 밝히 드러났다.

"애국심"이란 빚이었다. 그리고 또 1985년 2월 10일경 진눈깨비 펄펄 내리던 그 어느 날 새벽에 기도하던 중 디모데전서 1장 12~16절의 말씀과 마태복음 28장 18~20절의 말씀으로 나를 강하게 이끌고 내려가 그날 온종일 진눈깨비를 맞고 다니면서 알지도 못하는 신학교를 찾아 알아내어 원서를 구하고 서류를 준비하고 다닐 수밖에 없었던, 곧 신들린 사람으로 내가 나를 보아도 미친 자의 삶을 살게 하셔서 결국에는 신학교를 다니게 되었지 않았는가.

오늘 나는 그동안 풀리지 않았던 인생 시험 문제지 하나를 받아 답을 풀어낸 것과 같다. 빵점짜리 인생인 나를 50년 전에 백씨 가문의 세상으로 던져놓으시고 살게 하셔서 마침내는 백 점짜리 인생 답안지를 작성할 수 있도록 까지 키워 주셨음에 사랑에 빚진 자로서 감사드려야 할 온전한 사람이 되었습니다.

지렁이만도 못했던 미물 같은 인생의 삶을 살아오던 내가 영의 눈으로 바라보니 지난 6월 18일 아침에 다시 새로운 의식의 몸으로 대한민국 땅에 다시 와서 빚 갚고 살고자 하여 나의 남은 날에 사명감에 대한 빚을 갚으려 하는 모습을 보았습니다.

　이마에는 사람(인)이 새겨있고 몸에는 믿음(신)이 박혀있는 참사람으로 살아갈 수밖에 없는 자로서 충실히 하나님의 사랑과 공의의 두 날갯짓으로(하늘을 날고 있는 새처럼) 십자가의 죽음과 부활의 삶의 노래를 시편 속에서 부르며 복음의 빚을 갚으려 결심합니다.

하나님은 늘 살아계시다

성령의 바람 따라 산을 넘고, 바다를 건너 구름이 흘러가듯 숨결을 고르게 하여 강을 따라, 시냇물 따라 영혼이 길을 가다가 나 여기까지 왔나이다.

이렇게 온 세상을 여행할 수 있고 볼 수 있는 유튜브 시대를 살면서 대한민국의 위기를 위한 애국자들과 애국 성도들이 모이는 광화문 교회가 코로나로 말미암아 몰리고 몰려서 사랑제일 교회 안으로까지 들어가게 되어 지금까지 몇 개월 동안 천상예배를 집행해 왔는데 그 장소도 재건축 문제로 불법 강제 철거가 된다하여 그 집행을 저지하기 위해 긴급철야 예배로 모여 철야를 지난 목요일 밤에 수많은 애국 성도들이 모였고 어제는 두 번째로 또다시 철야 기도회가 열려 얼마나 뜨겁게 은혜들을 받았는지 나도 유튜브로 참여하여 타오르는 불길 속에서 함께 은혜를 받았다.

1.대한민국 내 나라를 위하여, 2. 한국 교회를 위하여 3. 세계의 검은 대륙(사회주의와 공산주의)과의 전쟁을 막고 오직 복음으로 자유 평화 통일을 이루어 가도록 모여 합심 기도하는 그곳이 마치 이스라엘의 성지 같았다. 제발 대한민국의 건국 헌법이 살아서 우리나라를 이끌어가는 축복받은 나라로 세계에 길이길이 빛나는 선진국 대한민국이 되기를 기도한다.

새로운 둥지

우리나라 대한민국 안에서 일어난 작금의 애국 운동은 필요악이 아니라 필요 선이다. 종교개혁과 문화혁명을 이루기 위한 진통의 역사로서 거짓과 허탄의 위선에서 벗어나 진실과 선의 본질을 찾아가는 운동으로 (개인이나 가정이나 직장이나 교회가 잃어버린 본질을 찾아가려는 삶의 운동으로) 보면 조금도 흔들리지 아니하리라.

그렇게 아니하면 나라도 개인도 교회도 이대로 자멸되고 말 것이다. 기득권 세력에 대하여 정치 권력과 경제 권력과 종교 권력에 대항하여 싸우고 분투할 기력이 조금이라도 남아 있고 살아있는 애국인들을 향하여 힘내시라고 위로합니다.

하나님께서 미리 준비해 놓으신 새 바구니와 새로운 빈 둥지가 위로부터 내려와 있으니 절대로(육신의 눈으로는 전혀 볼 수 없지만 영의 눈으로는 분명하게 이미 나타내 보여지고 있으니) 낙심하지 말고 새 힘을 받아 새로운 용기로 이김의 기쁨으로 살자구요.

결심해본다

이렇게만 살아갈 수는 없다. 내 나이 75살인데 요즈음에는 낮이나 밤이나 매우 바쁘게 살고 있기는 하지만 내 눈과 귀와 그리고 손과 생각과 가슴만이 정적으로 움직이고 있다. 유튜브를 자유롭게 시청하다 보니 정치와 역사에 대하여 눈이 열려서 배워 간다는 일이 얼마나 기쁜 일인지 모르겠다. 그리고 그곳에 댓글 다는 일도 여간 즐거운 일이 아닐 수 없다. 어떤 때에는 인기짱 이라는 답글이 떠올라 오기도 한다. 그럴때는 더 기쁘기도 하다.

세상 산다는 것이 의미 없어 조용히 눈감기만을 그렇게도 사모했었는데 요즘에는 유튜브 덕분에 그러한 생각을 잊어버리고 살 정도로 기쁨으로 살고 있기는 하다. 무한히 넓고 큰 정보의 세계이기는 하지만 무료로 조금씩 듣고 모아서 기록하여 공부하여도 체계적으로 조직적으로 배웠으면 하는 아쉬움이 있기도 하다. 전문적으로 공부해 보고 싶기도 하다. 사이트를 찾아 들어가 전문적으로 체계적으로 잘 배워서 세상에 유익한 영향을 조금이라도 끼칠 수 있게 되는 때가 올 수 있을까를 생각해 보기도 한다.

그런데 책상에 앉아서 메모하고 정리하다 보면 얼마 되지 않아 등과 허리가 힘들어지고 또 침대에 누워서는 팔과 어깨와 목이 굳어져 아프다. 그리고 또 한편으로는 게으른 것 같아 내 양심에 미안하기도 하다. 하여튼 요사이 3주 동안은 "태양은 서쪽에서 떠서 동쪽으로 진다."라는 논리가 내게 진짜가 되어가는 현실이 되고 말았다.

그러면서도 재미는 있다. 어떻게 이런 세계가 펼쳐지고 있었을까. 종말이라고 해야 하나. 사람이 이렇게 코로나로 인해 거리두기, 마스크 쓰기를 하는데 이런 일들은 점점 더 큰 의미를 부여해 주고 있다고 생각한다. 사람이 사람답게 살지 못하고 스스로가 자멸해가는 그런 세대가 아닌가 싶어 참으로 안타까운 일이 아닐 수 없다. 대한민국의 젊은이들, 어린이들 에너지가 넘치는 세대들이 어떻게 이 흑암의 바다를 지날까. 이제 날이 갈수록 점점 부상되어 떠오르겠지만 "종교개혁"이라는 구조선이 떠오를텐데 과연 이 나라가 어찌 될지!

그 일에 동참하도록 일어나 밖으로 나가야 하지 않겠나 싶다. 나는 살 만큼 살았으니 아쉬울 것도 안타까울 것도 하나 없는 때이니 일어나 애국운동하는 신앙인들이 일하는 곳으로 찾아가 동참함이 좋을듯하다.

대한민국이 지금 점점 빠르게 함몰되어 가는 느낌이 드는데 이렇게 편히 누워있어도 될까 싶어 이곳에 홀로 기도하고 깨어있기는 하지만 모두 모여 함께 하지 않고 흩어져 있다면 어찌 그 큰일을 이루어 낼 수 있을까요.

기도합니다

대한민국을 사랑하시는 하나님 아버지시여! 온 백성들을 사랑하셔서 은혜와 긍휼을 아끼지 마시고 다시 한번 부어 주세요. 지금 우리나라 대한민국 안에는 기이한 현상이 일어나 있지요.

사회주의 체제로 흘러가는 권력을 막아서 돌려놓겠다고 앞장서 기독교인들이 목숨 걸고 저항하는 운동이 일어나 정치, 경제, 종교의 타락의 뿌리가 다 드러나 국가가 무너질 지경에 이르러 있습니다.

그동안 70년 세월 잘 먹고 잘 입고 행복을 누리며 잘사는 일에만 분주히 살았지 대부분의 사람들은 인생관이나 국가관에 대한 관심을 갖고 살지 않았죠. 다만 극소수에 지나는 분들만이 그리 살아오신 것 같아요. 매우 부끄러운 일이지요.

이제라도 정신 차리고 깨어 일어나 애국심을 갖고 살도록 질책해 주시는 것이 하나님의 사랑인 것만 같아 비유로 이렇게 표현을 해보고 싶어요. 집밖에는 하얀 눈이 내려 세상을 덮었습니다. 추워서 길거리에는 아무도 다닐 수가 없습니다. 그러나 웬일인지 기상천외한 일들은 벌어지고 있습니다. 지금까지는 세상 길거리에 나와 먹잇감을 찾아다니던 온갖 짐승들이 양육강식의 삶으로 서로 잡아 물고 뜯으며 죽기 살기로 싸워 피를 흘리며 살아왔지만, 지금의 바깥세상을 덮고 있는 하얀 눈길 위에는 한 방울의 흘린 핏자국도 없네요. 웬일일까요?

아버지여! 대한민국을 사랑하셔서 다시 한번 은혜와 긍휼을 베풀어 주옵소서. 나라를 사랑할 줄 몰랐던 무지함에서 벗어나 깨어 회개하게 하시고 지금의 이 환란을 통하여 백성 모두가 깨달음을 얻어서 자기 가슴 속 깊은 곳에 뜨거운 하나님 사랑을 가지고 그 사랑으로 애국하며 살아가게 하옵소서. 그리하여 하늘을 우러러 부르짖을 수 있는 희망이 넘치는 온 백성들이 되게 하소서.

아버지여! 기도합니다. 지금까지 주인의 큰 집 대문 옆에 살면서 도둑들을 지켜오던 개들이 충성을 다하여 살아왔기 때문에 이제는 때가 되어 상을 베풀어 주시기 위해 그들을 사랑하므로 주인이 그들을 깨끗이 씻겨서 집안으로 데려와 함께 살고자 하시는 형상이오니 이제는 이빨 빠진 개들이 되어 더 이상 너는 검고 나는 희다고 서로 헐뜯고 물고 싸우지 아니하도록 당신의 사랑의 손길로 쓰다듬어 주셔서 그동안 너희들 참으로 충성했다. 그동안 참 잘 싸워 왔다고 "나는 둘 다 똑같이 사랑한다."라고 한마디만 말씀하여 주셔서 서로가 사랑하며 뜨겁게 감사하며 하늘을 향하여 찬송하며 살게 하소서...

선지자들의 예언과 복음의 계시 차이점

성령의 간구하심 따라 마태복음 24장~28장을 읽으면서 어쩌면 예수님 시대나 이 시대가 그리도 똑같은지 부르르 떨리는 가슴속의 진동과 함께 빛의 파동 소리를 듣고 있는 내 모습을 보았습니다.

내가 만일 그렇게 하면 이런 일이 있으리라 한 성경이 어떻게 이루어지겠느냐 하시더라(마 26;54)와 그러나 이렇게 된 것은 선지자들의 글을 이루려 함이니라 하시더라(마26:56) 이에 제자들이 다 예수를 버리고 도망하니라.

28장 끝까지 읽으면서 살아계신 하나님의 사랑이 온몸을 휘감아 끌어안아 주시는 그 뜨거움을 경험하며 지금 우리나라의 처해있는 현황과 세계의 정세에 대하여 묵상을 하는데 마치 1978년도와 동일하다. 애경유지에서 불이나 하늘로 시커면 연기가 우리 동네를 덮어서 나는 우리 집 마당에서 발을 동동 구르며 어떻게 하냐라고 걱정하고 있을 때 내 가슴에서 말해주는 내용이 있어서 얼른 방으로 뛰어 들어가 볼펜을 들고 적어 두었던 글들이 또다시 떠올랐다.

아파트가 병풍처럼 둘러 진을 칠 것이며, 불이 많이 날 것이며, 교통사고가 많이 날 것이다.

그러니 "그때가 되면 때가 가까운 줄을 알라"고 들려주셨던 그 음성에 대하여 여러 차례를 두고 묵상하며 살아왔었다. 또 2010년도 해운대 아파트 화재 현장을 TV를 통하여 보면서 32년 전의 그 음성으로 깨어있게 되어 다시 글을 썼기에 내 블로그 안에 옮겨 놓았더니 시인이요 불교종단의 법사라는 분이 답글을 올려놓으셨는데 "오늘날에는 화재가 날수록 더 부자가 된다."는 조롱 섞인 댓글이 올라와 있었던 그때 그 일이 생각이 난다.

그래서 생각을 많이 한 적도 있다. 오늘날에는 보험이 있어서 충분한 보상이 주어진다는 말씀이라고 생각이 들었지만, 나는 그 음성을 가볍게 여길 수가 없었고 늘 성경을 상고하며 의문을 가지고 깨어있을 수밖에 없었답니다. 그때가 언제쯤이냐?고 질문하면서 말이죠.

그런데 나라를 사랑하는 마음을 가질 수 있는 두드림이 2019년 10월 말경부터 시작하여 밤잠을 깊이 들지 못하고 이유도 없이 기도에 불이 꺼지지 못하도록 불붙이고 싶어 내 속에 역사하고 계신 성령을 따라 9월부터 시작하여 오늘에 이르기까지 밤과 낮의 구분 없이 깨어있게 하시며 당신의 일하고 계심을 보게 하셨지요.

바람불어 뒤흔드는 나라의 위기를 보면서도 감사하면서 기도하는 일에 소홀히 하지 않는 나를 보며 성경이 어떻게 이루어지는지 마태복음 24, 25장을 통하여 그때와 그 시기에 대하여 확증하며 56절에 가서는 선지자들의 글을 이루려 하심이라고 하셨고 28장까지 읽어가며 내게 약속하신 말씀들이 살아나는 것 같아 오히려 이 말씀들 앞에서 찬송을 부릅니다.

복음만이 백신이다

하늘들 안에 계신 아버지여! 기도합니다.

사람의 눈으로는 전혀 보이지 않는 세균들이 춤을 추고 즐거워하며 장난질하고 분탕질을 하고 있나이다. 한없이 나약한 이 백성들 회개하여 코로나바이러스가 어디서 와서 어떤 방법으로 지금 세계와 대한민국을 흔들어놓고 있는지를 분명하게 알게 하시고 또한 어떤 무기로 대처하여 이 전쟁에서 이겨낼 수 있을까를 볼 수 있도록 영의 밝은 눈으로 세균을 박멸할 수 있는 능력을 찾게 해주세요.

적그리스도와 그리스도의 전쟁인 것이 분명합니다. 그러하오니 적그리스도인들과 그리스도인들의 전쟁이 아니겠습니까? 이들의 전쟁 속에 개입된 세균, 이것으로 전쟁하고 있습니다. 마치 사람과 쥐들과 전쟁을 하는 것 같습니다. 쥐새끼들 소탕작업을 하고 있는 모습과도 같습니다. 그러니 쥐 잡는 방법을 조직적으로 전문적인 방법을 활용하여 쥐 없는 세상이 되도록 소탕시킬 수 있는 세상 지혜도 부어주세요.

이 징그럽고 더러운 사상을 가진 사단들이 물질 풍요를 누리게 만들고 이로 인해 정신 못 차린 부패한 정치지도자들과 종교지도자들과 백성들을 깨우쳐 새로운 대한의 나라가 되어 온 백성들이 함께 잘 살아가게 하소서!

우리나라 이 좋은 나라에 몰래 들어와 들락날락 무역하며 악한 사상으로 정신세계를 붉게 물들게 하여 병들어 죽게 하는 일들을 해오고 있었던 사상과 철학과 종교들에게 개혁이 일어나게 하시고 삶의 새로운 계몽 운동도 함께 일어나게 하옵소서!

아버지여 우리들은 회개합니다. 그리고 우리들은 우리나라를 진심으로 사랑하겠습니다. 지혜와 용기를 주세요. 그 후에 질서를 따라 일할 수 있도록 구하는 아들들이 많아지게 하소서!

전쟁터에서는 군대의 참모총장의 명령을 따라야 전쟁에서 이길 수 있듯이 말입니다. 세계의 무역전쟁, 세계의 권력 전쟁, 세계의 종교 전쟁 속에 갇혀 있는 대한민국이 이제 살아나려면 어떻게 해야 할까요?

아버지여! 그리스도인들에게 지혜를 주세요. 하나님께서는 전 세계에서 가장 사랑하는 나라가 대한민국이라고 하셨잖아요. 하나님은 대한민국과 백성들을 사랑하고 계십니다. 그리고 대한민국의 살아있는 교회들을 사랑하고 계십니다. 교회들이 깨어 일어나 이 나라의 임하고 있는 용광로 속에서 하나님의 사람으로 건짐 받은 다니엘과 그의 친구들처럼 멸망해 가는 나라를 구하는 영원한 생명의 복음 전도자들이 국가의 재앙을 해결해 주고 코로나를 퇴치시키는 "백신"으로 드러나게 하시옵소서. 대한민국이 복음 통일 이루어 세계 제일의 "복음 수출국"으로 만들어 한국을 통하여 세계를 향한 하나님의 뜻을 이루소서! 감사합니다. 기도합니다.

바라보라

땅에서의 보물은 땅 보물이요, 하늘에서의 보물은 하늘 보물이다. 장소가 다르고 질이 다르다. 그러니 땅의 보물과 하늘의 보물을 섞지 말라. 속이지 마라. 그리고 거짓말하지 마라. 땅 보물과 하늘 보물을 혼합하지도 말아라. 땅 보물은 땅 보물로 있게 하고 하늘 보물은 하늘 보물로 존재하게 하도록 하라.

대한민국 우리나라의 태극기를 자세히 바라보자. 그리고 또 애국가를 깊이 불러보자. 대한민국의 백성들이여! 나는 이 시간 두 보물섬들을 발견하고 찾았으니 감사함으로 나아가 내 육신이 살고 있는 땅의 보물섬 "대한민국" 안에서 이제부터는 사랑하는 마음으로 태극기를 항상 바라보며 또 애국가를 부르면서 기쁘게 살아가리라.

75년 세월 동안에 땅 보물과 하늘 보물을 찾아 발견하도록 고통과 기쁨의 눈물을 흘리게 하신 아버지 하나님께 감사를 드립니다. 땅의 보물이 하늘의 보물이 되고 하늘 보물이 땅의 보물이 되어 그 나라에 받쳐질 때까지 이 모든 영광을 주님께...

태양속으로

태양을 바라보면 겉으로는 세상을 밝게 비추어 주고 있는 빛으로 보이지만 내면으로는 우주 안에 있는 모든 원소들이 함께 훨훨 타고 있는 불덩이 속이 아닐까.

15년 전 어느 날 사랑한다는 것은 어떻게 하는 것일까? 를 생각하다 낙서를 해보았던 그 글이 지금 떠올라 또 낙서를 해본다. 사랑은 행위로 하는 것이 아니요. 존재의 존재 됨으로 사는 것이라는 사실을 알고 있었기에 황해도 해주라는 곳에서 태어나 부모님 따라 대한민국 이 땅에서 보편적으로 평안히 잘 살아온 축복받은 여인이다.

지금까지 살면서 나는 국가의식이 전혀 없었고 또 그러할 필요성을 전혀 느껴보지 못했으니 어찌 나라 사랑의 필요성을 느꼈겠는가. 그러기에 나는 더욱 평범하고 착실한 여성으로 소리 없이 한평생을 잘살아 왔다고 보면 된다. 그런데 내가 걸어온 영생의 길에서 멈출 수 없는 또다른 찾음의 갈등이 시작되어 처음으로 유튜브를 알게 되어 그곳에 들어가 흘러나오는 메시지에 관심을 가지고 듣던 중 우리나라가 매우 시끄럽고 혼란한 상태에 빠져있음을 알게 되므로 지난 10월부터 몇 개월 동안을 유튜브를 통해서, 또 역사책을 통해 공부를 조금씩 하다 보니 세상 사는 눈이 열리어 나라를 사랑하지 않을 수가 없게 되어간다.

더욱이 나는 42년 세월을 하나님 사랑 오직 그것 하나에만 온 촉수를 세우고 살아온 가정주부였기에 오직 내 가정 하나만을 떠나지 않고 교회나 사회보다는 내 내면세계의 관심과 말씀에 내 영혼의 성장 하나에만 푯대를 두고 살아온 한 알의 밀알로서의 삶이었음을 변명할 수 없는 사람이다.

한 알 그대로 있는 어리석은 여인이라고 말해도 부인하지 않으리라. 이제야 깨어나 눈을 뜨고 보니 나 하나에만 굳어 살아온 게으르고 악하고 어리석은 여인이었다. 그곳에서 터치고 나와서 말씀씨의 원소가 되어 바람 타고 저 근원으로 들어가 함께 그 속에서 타고 있어야 할 또 하나의 다른 삶이 있었건만!

예수 그리스도 안에서 함께 훨훨 타고 있는 모든 그리스도의 사람들은 사는 빛의 나라로, 시간과 공간을 벗어나 살고 있는 사랑체들로 말미암아 예수가 빛으로 세상에 나타나 어둠을 비추고 있음을 보여주는 공동체로 모든 남녀노소 모든 빈부귀천을 초월한 자유인들이다. 이 세상에 태어난 살아있는 모든 사람은 세계와 국가와 사회의 일원으로 각 분야에서 직업을 가지고 삶을 영위하여 가는 수천수만의 사람들 속에서 나는 지금까지 내 가슴속 깊은 곳에서는 늘 이루지 못할 현모양처의 꿈만 꾸면서 자유와 사랑의 그 세계만을 그리워하며 이 세상에서 현실 도피적 삶을 살아왔음을 보며 유토피아의 삶일 수밖에 없음을 인정하고 탁상공론의 외로운 꿈만 꾸며 살아오던 중이었는데 지금 처해있는 대한민국의 위기를 통해 미래를 내다보며 애국하고 있는 국민들의 독립선언 운동을 통해 이 땅에 하늘들의 나라를 세우고 그 나라의 의를 이루어 가고자 하는 피끓는 애국을 향한 죽음과 새로운 나라의 새 부활을 위해 피를 뿌리는 애국민들을 보며 그리스도의 나라를 위한 개혁에 함께 동참하여 불 속에서 타고 있는 사람의 아들들이 각자가 티끌임을 자인하고 현장에서 몸을 불

사르고 계시는 모든 그리스도인들과 애국자들을 향하여 감사의 눈물과 함께 뼈아픈 웃음을 지어본다.

불 속에 훨훨 타고 있는 마른 생명 나무들이여! 끝까지 타라. 사랑과 자유의 대헌장인 독립선언문이 성취되는 날, 여호와 닛시의 참 평화와 참 화목의 깃발을 날리게 되는 태양 같은 대한민국의 깃발이 될 것이다

세계를 향한 하나님의 꿈이 이 땅에서 시작을 이루셨으니 마칠 그날과 함께 동시에 새로운 영원의 날들이 주어질 것입니다. 이제라도 이글이글 타고 있는 태양 속으로 나도 들어가 함께 타고 있으렵니다.

참새의 첫말

새 창조의 새 시대를 그리스도의 눈으로 바라보며 그리스도의 몸으로 살아가라. 음력 설날. 눈을 뜨는 이 순간 터치고 나오는 참새의 기도는 지금은 매우 어둡고 암울한 현실이지만 이 세상의 강력한 진과 싸울 수 있는 수준의 용사들이 여기저기에 살아있음은 대한민국 우리나라 나의 조국의 자랑이니라.

참새 같은 너도 그들 중에 하나로 살고 있었느니라. 세상에서 가장 약하고 보잘것없는 것 같은 영혼들이 그동안 자유의 제한을 받으며 창살 없는 지옥을 살면서도 오직 자식들 하나만을 생각하며 눈물로 참고 살아온 삶, 곧 십자가에 매달려 곡예를 하면서도 단지 어머니라는 이름 하나를 빌려 사랑과 희생으로 영혼의 자유 세계를 이루게 하는 삶을 살아온 겁 많은 참새 중 하나로 살아오게 된 대한민국의 근본 뿌리인 가정주부들이 지금까지 존재하게 되는 또 하나의 큰 자랑거리입니다. 자랑일 수 없는 큰 자랑이지요.

열린 사차원의 새로운 시대를 열어가는 때에 영계의 어지러움과 세상 혼돈의 둥지들을 허물고 그동안 얽혀 세워진 그물망들을 다 걷어치우기 위하여 아버지 하나님께서 말씀하시길 "오직 내가 사방바람이 불어오게 하여 모든 나무보다 제일 먼저 이 귀한 생명 나무를 흔들어 보기 위한 풍조의 바람이 불고 있는 것이다"라고...

음력 설날 잠에서 깨어나자마자 이 작은 참새에게 주어진 첫 생각과 첫 마음의 만남에서 주고 받던 첫말이다. "새 하늘과 새 땅에서 살아갈 새 백성들의 터전을 위한 새 창조의 일에 동참하라." 너희들은 이 시대를 그리스도의 눈으로 바라보고 그리스도의 마음으로 받고 그리스도의 몸으로 살라. 너희는 이미 이겼고 승리했노라. 차례대로 내가 다 이루어 가리라.

"누가 와서 때리면 맞으라, 참으라, 기다리라."라고 말씀해 주셨던 아버지여!

1978년 6월 23일에 오셔서 내게 하신 말씀이 반드시 이루신 말씀이 되셨습니다. 42년이 흘렀습니다. 감사해요. 영광과 찬양이 되셨습니다. 암울한 현실도 곧 빛으로 드러날 것입니다. 할렐루야

진실은 살아 있다

하나님의 전신 갑주를 입어야 할 이유를 분명히 하셨습니다. 우리의 씨름은 혈과 육이 아니요, 통치자들과 권세들과 이 어둠의 세상 주관자들과 하늘에 있는 악의 영들을 상대함이라.

1978년도 3월에 출발하여 2019년 마지막 12월 29일, 41년 세월 동안에 동서남북 사방을 살펴 바라보며 그동안 신앙의 광야 길을 달려와 지금 종착역에 다다라 있습니다.

나는 나 개인 영혼 하나 전쟁을 치르면서 여기까지 순간순간 말씀 안에서 이긴 자로 홀로 올곧게 서기까지 하나님의 전신 갑주를 몸 안에다 새겨 주셨는데 이제야 편히 살까 했더니만 이름도 없이 빛도 없이 가정을 지켜왔듯이 우리나라 지킴이의 하나로서 살고 있으라 하시는 것 같습니다.

우리의 씨름은 혈과 육의 싸움이 아니요, 통치자들과 권세와 이 어둠의 세상 주관자들과 하늘에 있는 악의 영들과의 전쟁이 있으니 국가적으로 보면 이 시대를 또 어찌 넘길 수 있으랴!

오늘날 대한민국 안에 임하여 있는 악의 싸움 곧 정치적 권력이 이렇게 무서울 줄이야 정말 몰랐네. 그래서 저렇게 권력을 잡으려고 가진 술수와 모략과 계략을 도모하여 백성들을 속이고 거짓의 아비 마음을 쫓아 거짓말과 허탄한 것들로 진을 치고 사단 마귀의 손안에 잡힌 하수인들이 되어버린 인간 나라의 최고 지도자들로 등장하여 그들만의 집권의 자유를 누리려고 자기들의 사상과 이념과 철학으로 정치 집권을 강행하는 한 시대를 펼쳐가는 것이로구나!

지나고 보니 슬픈 일이지만 내게는 2019년도 이 한 해가 다 지나가기 전에 또 큰 선물을 받았다고 말할 수 있으리라. 국가적으로도 진실과 거짓을 볼 수 있게 되었고 나 개인적 삶도 더 분명하게 확인할 수 있게 되어서 담대하고 강하게 살 수 있게 되었다.

너무 크고 많은 세상을 알게 하셨습니다. 나도 이제는 입을 활짝 열어 복음을 말하고 전할 수도 있습니다. 지금 나의 조국 대한민국에서 일어나고 있는 이 어둠의 세력을 향하여 "빛이 있으라"고 그리고 "그 빛을 받으라"고 전해줄 수 있습니다. 그 수많은 비유와 비사로 말씀하시며 예수 그리스도의 계시를 열어놓으신 모든 것을 전할 수 있는 자로 되었다고도 볼 수 있지요.

그러나 한편으로는 지금이 통곡해야 할 때인지, 기뻐 즐거워할 때인지 분별하기 어려운 때입니다. 국가적인 위기가 그동안에 정치, 경제, 종교의 지도자들이 한 울타리 안에서 손잡고 희희락락 즐기며 제사들을 지내왔기 때문에 양과 염소가 섞여 함께 뛰어놀았던 것과도 같습니다.

뿔 달린 염소가 들어와서야 성도들은 그동안 살면서 분별해 내기가 매우 힘들었던 것을 분별하지만 결국 큰 고통을 치른 후에야 서서히 자기들이 있어야 할 제자리들을 모두가 찾아가게 될 것입니다. 진정한 참 자유와 거룩의 땅을 찾아 떠나온 여행자들 속에는 그 사랑의 꿈은 반드시 헛되이 되지 않으리라고 확신합니다.

자유가 아니면 죽음을

이상화의 자유시 "빼앗긴 들에도 봄은 오는가"
백우종의 우화집 속에 있는 "우리속의 돼지들"

　이 두 개의 "비유와 비사"가 내 가슴속에서 살아난다. 새롭게 묵상하다 보니 눈물이 쏟아진다. 자유, 자유 지금까지 이 자유 하나를 얻기 위해 내 안에서 그리고 내 가족 안에서 심한 전쟁을 치르며 결국에는 그리스도의 승리로 나의 나 됨을 누리게 되는 자유를 맛보게 되었는데 너희는 먼저 그의 나라와 그의 의를 구하라. 라는 말씀이 이제 나를 뚫고 앞으로 나와 인도하려 하나 나는 갈길 몰라 멍하니 하늘과 땅 사이만을 우두커니 바라보고 있는데 오늘의 주어지는 화두와 함께 눈이 밝게 뜨이는 것 같다.

　생명의 자유를 맛본 사람은 그 자유 하나 때문에 죽음을 택할 수밖에 없겠구나. 광화문 광야교회의 일어나는 현황을 보면서 나의 연약을 손바닥 펴보듯이 보면서 그리스도의 강함을 내게서 볼 수 있는 그 날이 오기를 소망하고 나의 연약한 아픔을 가슴에 않고 스르르 잠이 들어 깨어나 보니 아침 6시였다.

　'빼앗긴 들에도 봄은 오는가', 와 '우리 속의 돼지들' 이 두 개의 화두와 내용이 가슴속에서 피어올라 가득하더니 눈물의 기도가 흘러내렸다. 내 영혼이 생명의 자유를 찾아 여기까지 왔는데 이제는 도저히 뒤돌아갈 수는 없다. 저 광야교회에 모여있는 애국 백성들처럼 죽음을 두려워 말고 앞으로, 앞으로 담대히 나가자.

이 생명의 자유와 사랑과 거룩 그리고 진리의 진정과 초월의 귀중함이 얼마나 귀한 것인지를, 그 무엇과도 바꿀 수 없다는 사실을 다시 한번 가슴속 깊이 기둥으로 세워놓으리라.

이 나라, 이 민족을 지키고 대한민국의 자유를 위해 희생하신 조상들의 얼들이시여! 혼백들이라도 다시 살아나 이 땅 그곳에라도 오시어 자유 민주국가가 되도록 함께 기도에 동참해 주소서...

감사 찬송합니다

몇 날인지 모르겠지만 내게는 아무 일도 일어나지 않을 것만 같은데도 불구하고 왜 이리 잠을 못 자는 것인지 모르겠다. 아직은 이유가 드러나지 않지만 마치 잠자다가 사이렌 소리를 듣고 벌떡 깨어 일어나 집 밖으로 뛰쳐나가 구경하지 않으면 아니 될 듯한 모습으로의 상황의 긴급 뉴스가 들려 올 것만 같은 긴장 상태로 준비해야 할 일이 있듯이 밤새도록 잠을 자지 않고 이유도 없이 기다리고 있는 나의 영혼을 본다.

그러다 유튜브로 들어가 이것저것 공부하다가 광화문 광장에서 일어나고 있는 그 현장으로 눈길이 가고 있다가 태극기와 성조기의 이미지 언어를 알아보고 싶어서 자세히 읽어보고 그림도 노트에다 그려놓고 공부를 해보았다. 그러다 보니 마태복음 1장 1절과 창세기 5장 1절을 비교하여 묵상하게 되고 결국 헬라어 성경책으로 마태복음 1장 1절에서 예수 그리스도의 족보를 보면서 가슴이 벅찼다.

그리고 시편 51편을 큰소리로 읽고 난 후 묵상하다가 결국에는 '여호와 이레'와 찬송가 332장을 부르면서 그 종이들을 찢어 가볍게 들고 서서 큰소리로 한밤중에 찬송하고 기도하다가 주기도문으로 막을 내리니 어찌 기쁘지 아니하랴!

이것이 예배로구나! 이것이 철야로구나! 라는 마음이 든다. 나는 미친 여자이지만 참으로 행복하다. 나의 내면세계가 열리고 내 눈이 열리어 하늘과 땅을 오르락내리락할 수 있는 천사처럼 하늘들의 나라가 이 땅에 이루어지기를 위해 기도할 수 있는 자세가 이제 세워졌으니 참 좋다.

세상이 재미없어 58살 때부터 이 세상 떠나가기를 그리 소원했어도 지금까지 살아있어서 정말 지루했는데 이렇게 잠을 못 자는 지난밤에 혼자 철야를 했다는 것은 나의 심령 안에 그 나라와 의로 축복의 잔치가 열린 것 아닌가! 광화문 광장처럼...

너희들은 먼저 하나님의 나라(텐 바실레이안)를 구하고, 그의(텐 디카이오수넨) 의를 구하라, 그리하면 이 모든 것을 너희들에게 더하여지게(푸로스테데쎄타이) 하실 것이다.(마태 6; 33)

감사하고 감사한다. 할렐루야, 아멘, 아멘.

디아스포라들

요즈음 유튜브를 통하여 우리나라가 이렇게 시끄럽고 불덩이 속에서 아비규환의 상태로 아수라장이 되어가는 모습을 보니 편히 누워 잠을 잘 수가 없으니 자연히 유튜브로 나의 관심이 주어진다. 그래서 이곳에 집중적으로 귀를 기울이고 보고 듣게 되니까 많은 공부도 하고 있지만, 분별력도 생기게 되어서 기도를 아니 할 수가 없다.

대한민국이 어찌 되려고 이렇게 야단일까? 이 배가 어디로 가는 것인지, 그리고 하필이면 세상에 개독교 라고 불림을 받을 수밖에 없게 되어버린 교회들이 저렇게 떠들고 일어나는 것인지를 알고 싶어 유튜브를 통하여 광화문 광장에서 열린 집회들을 열심히 듣고 있다.

나는 기독교를 사랑한다. 그러기에 세상에 드러나서 정치적으로 비난의 대상이 되어지는 것을 원치 않아 숨겨지기만을 원했는데 오히려 이 큰 행사를 통해서 78년도처럼 내 영혼을 깨어 기도하게 하네.

내 안의 하나님의 아들의 영을 숨기고 살아가는 나는 이 세상에서 간첩과 같은 자이다. 참으로 백성들이 믿고 뽑아준 대통령이 진짜 빨갱이일까 싶어 묻지 않으면 아니 되기에 관심을 가지고 지켜보지 않을 수가 없어서 광화문 집회에 관심을 갖고 기도와 간구를 시작하게 되었다.

94년도부터 교회를 떠나서 나그네와 행인처럼 디아스포라가 되어 이 외로운 광야 안에서 그 길만을 따라 외롭게 살아오고 있었는데 내가 살고 내 자식들이 살고 있는 이 세상 나라 안에서 아수라장이 되어가는 정치판의 싸움을 조금씩 보면서 위기의식이 생겼고 죽어있는 나무같이 그리고 잠자고 있는 것 같은 나의 의식세계가 깨어 일어나 핸폰을 열지 않을 수가 없다.

천주교도, 불교도, 모든 종교도 다 조용한데 왜 하필이면 기독교가 이 일에 앞장을 서고 있는 것인지 관심이 저절로 가지 않을 수밖에 없는 나를 본다. 70년 세월 동안 이 나라를 세우기 위해 앞장서서 애국한 대통령들과 위정자들 그리고 애국 시민들의 희생과 숭고한 정신들이 있었기에 오늘날 나도 이 자유를 누리며 영혼의 세계를 맛보며 자유롭게 살고 있지 아니한가!

대한민국이 경제 성장을 해오는 동안에 물질의 부는 많이 얻었지만, 잃은 것들이 너무 많음이 보이며 이제 이 나라를 향하여 나의 눈이 열리는 것 같다. 이 무슨 일인지 기도할 수밖에는 내가 할 일이 무엇이랴...

나라 없는 백성과 백성들 없는 나라가 무슨 소용이 있겠는가! 지금까지 이루어져 가는 일들을 보면서 나도 그 집회에 가보고 싶어졌다. 그곳에 다녀오신 오빠에게 전화해서 같이 가자고 해야겠다.

공산주의자들이나 민주주의자들이나 따지고 보면 다 한 어머니 자궁으로부터 나온 형제들인데 왜 이렇게 전쟁하고 있는 것일까!

이 나라 안에서의 일어난 전쟁의 불을 누가 어떻게 끌 것인가! 개인이나, 가족이나, 사회나, 국가나, 나라들이나, 종교 단체, 모두가 다 자유와 생명과 사랑과, 거룩과 초월이 되어진 진리의 사람들로 우주적 차원의 삶으로 살고자 부르짖기는 하지만 하나로 되기는 커녕, 점점 얽혀져 어려워져 가고 있는 것 같은데...

그러나 하나님은 살아계셔서 불꽃 같은 눈으로 이 땅을 바라보시며 기다리시지 않는가!

  그 나라와 의를 이루는 해산의 수고와 진통은 아닐까. 이 나라에 각 모든 분야에서 하나님의 정신과 마음으로 살아가는 백성들이 모두 골고루 일하게 되어 화평하게 살 수 있는 그런 나라가 되도록, 곧 성경의 주기도문의 성취를 이루는 평화의 정치가 시작되는 나라가 되면 참 좋겠다.

  이번에 일어나고 있는 저 역사적인 기회를 통하여 하나님의 바람이 불어서 대한민국의 지리멸렬한 구석구석, 분야분야마다 재정리 되도록 예수와 함께 죽고 그리스도로 다시 살아난 자기가 없는 사람들 곧 하나님의 마음을 가진 자들의 사람들로 분야에 열심히 일하고 살아가는 평화의 나라가 되도록 영으로 세워지기를 소원합니다. 새 예루살렘을 향한 발걸음이 이 땅에서 시작되도록 도우소서.

응원합니다

흰색 큰 트럭 자동차에 하얀 천으로 광고판을 두르고 한복을 곱게 입은 우리 두 사람이 경치 좋은 장소에 음식점을 차렸다고 선전하며 다니는 모습을 분명하게 보여주셨는데 언제였는지 기억이 나지 않아 혹시 써 놓은 기록을 하나하나 찾아 읽어보니 찾을 수가 없었다.

이것을 왜 찾아내려고 하느냐 하면 사랑교회에서 지난 주일날 설교시간에 말씀하시기를 기독청 건물을 세울 조감도가 나오면 트럭에 싣고 전국을 누비고 다니실 것이라고 하셨는데 그 말씀이 생각이 나서 선포한 말씀을 묵상해 보다가 몇 년 전에 내가 논산에 살 때 어느 날 꿈속에서 경험했던 이와 같은 그림이 내게도 있었기에 현재의 내 삶을 다시 확인해 보고 싶어 찾았으나 못 찾았다.

우리들의 최종 목적지는 새 예루살렘인데 전목사님을 통하여 성경으로 이루고자 하시는 복음의 꿈, 오직 예수 한국 그리고 복음 통일을 이루고자 애쓰시는 선지자 애국 목사로서 "기독청" 세우는 일을 하도록 애쓰시는 일을 보며 하나님께서 그분의 일생을 통하여 이 땅 위에 그 일을 성취케 하시고자 하는 계획이 이루어져 가는 것을 보며 나는 왜 이 땅 위에서 복음으로만 살고자 하는 데 아무것도 성공한 것이 없는지, 교회도, 선교지도 따르는 사람들도 하나 없이 살고 있는지, 오직 나 한 사람뿐이며 가지고 있는 것은 오직 블로그에 기록해 놓은 뜬구름 같은 노래 들 뿐이니 어찌하겠나.

이렇게 벌거벗은 자로 드러났으니 어떻게 살아야 할까 생각해 본다. 잘 살고 잘 못살고가 아니라. 자기에게 주어진 그릇대로 살다 가는 것이 인생이요. 인생 끝나면 새 예루살렘 성전으로 들어가면 그만이지 이 세상 살았을 때 이루어놓은 업적들이 그 속에 다 들어있어서 볼 수 있다 하셨는데 과연 육으로 이루어놓은 역사적인 증거의 물증들이 그곳에서도 기다리고 있을까?, 과연 그러할까? 하는 그 생각 그것도 나를 피곤하게 할 뿐이다.

빛의 나라에 건물은 콘크리트와 철물들이 아닌데, 각자에게 주어진 분량대로 살다 갈 수밖에 없는데 더 이상의 것들은 생각일랑 말고 살아가자. 그러나 3.1절이 역사적으로 제2의 3.1절이 되도록 기도하며 유튜브로 주목하자.

그리스도의 나라가 펼쳐지도록 주기도문이 이 땅에 성취되도록 대한민국이 아버지 나라에 받쳐질 때까지 응원해주며 가자.

코로나 심판

마스크로 입 다물게 하고 벙어리가 되어 살라고 코로나가 힘차게 명령하네. 온 세상 시끄럽게 떠들지 말고 집구석에서 좌불하고 도를 닦으며 자기 힘 앞에 복종하라네.

코로나 앞에서 벌벌 떠는 나약한 인생들이여! 페스트가 한 세대를 휩쓸고 지나간 시대도 있지 않았던가. 물질의 풍요로 타락하여 죄악이 창궐해진 이 세상 왜 전쟁과 기근으로 심판하지 않고 창조자의 총채털이 방법으로만 해결할 수 있는 코로나 심판이 임하고 있는지...

입을 막고 두 다리를 묶어놓아 방구석에서 조용히 살 수밖에 없는 이때에 하필이면 왜 나는 청개구리처럼 밖으로 뛰어나가 개골개골 노래하고 싶은 것일까. 노아의 홍수 심판과 소돔과 고모라의 불의 심판과 같은 마지막 심판이 다시 오기전에 우리는 하나님 손에 들린 총채털이를 똑똑히 바라보고 심판과 상관하지 아니하는 삶을 살아가자고 외치고 싶다.

갈라내는 것이 심판인데 우리는 어디에 서 있는가. 아브라함의 하나님, 이삭의 하나님, 야곱의 하나님, 삼위일체 하나님이신 말씀이 육신이 되어 우리 안에 들어오면 우리와 함께 살고 계시니 우리는 하늘들의 생명 족보의 계열에서 대를 이어가며 살아가야만 될 것이다고 전하고 싶다.

베데스다 못가에 38년 동안이나 앉아있던 병자처럼 살지 말고 예수님처럼 십자가 사랑(죽음과 부활)을 체험하고 다시 태어나 자라나서 영원한 하늘 생명체들이 되는 진리가 되어 살아가며 더불어 우리 함께 힘을 내어 살아가 보자고 외치고 싶다.

코로나에게 복종치 말고 하나님 아버지 손에 들려있는 총채털이를 바라보며 오히려 기뻐하자. 빛나고 높은 보좌와~~ 찬송가 27장을 노래한다.

내 속에 분노를 보다

새벽 5시. 창문을 열어보니 하얀 눈송이들이 펄펄 내리고 있네. 바닷속으로 침몰되어 가라앉고 있는 타이타닉처럼 우리나라의 현실을 보면서 마음과 두 발만 구르고 있지 어떻게 할 수 없어 아우성만 치고 있는 이때, 마냥 반가운 첫눈일 수는 없다는 생각이 든다. 아마도 나만 그렇게 느끼는 것은 아닐 것이다.

나이가 70이 넘도록 대한민국 내 나라를 위해 걱정을 해본 적이 없었건만, 현 정권을 1년이 넘도록 지켜보면서 영화 "타이타닉"의 침몰을 보는 것 같아 아픔으로 함께 소리를 치고 있다. 첫 눈 내리는 이 새벽이 반가울 리 없으리!

오히려 걱정이 앞선다. 하루에 자살로 죽어가는 사람들의 수가 점점 늘어가고 코로나 정책에 묶여서 꼼짝 못 하는 백성들의 고통, 중국이나 북한의 국민들처럼 살고 있는 오늘의 대한민국의 백성들 모습을 보면서 내 속에서 일어나고 있는 분노는 현 정권을 향한 저항운동이라는 생각이 든다. 내 속에도 애국심은 있었나 보다.

이 나라가 겨울을 맞이한 앙상한 나뭇가지가 다 드러난 형상이지만 계속해서 내리는 차디찬 눈송이들의 무게로 꺾여 나가는 나무와 같은 형국이 되지 아니하도록 현 정부의 허구를 잠재워 주시기를 간구합니다.

아버지여, 언제까지입니까. 이 세대가 다 지나가기 전에 마지막 영적 전쟁인 것으로 보입니다. 하지만 속히 끝나기를 소망해요. 이 모든 일을 통해 다음 세대에게 영생 얻는 그 길을 보여 알게 되도록 해줄 수 있는 내 영혼의 삶의 일기가 되어서 한 권의 기록으로 남아 바람 창고 안에 한 올의 바람으로 들어가는 본이 되면 좋겠습니다.

더이상 괴롭히지 마라

본체와 현상의 기준을 어디에다 어떻게 두느냐에 따라서 삶의 결과는 전혀 다르게 나타날 것이다. 보이는 이 세상을 본체로 두고 사는 삶과 전혀 보이지 않는 또 다른 세상이 있을 것을 믿고 기준을 그곳에 두고 사는 사람의 차이는 100% 다르게 나타나게 될 것이다.

저 산, 저 바다 너머에는 또 다른 마을이 있을 거라고 늘 꿈을 꾸며 살아온 자는 언젠가는 찾아가서 확인해 볼 것이기에, 더 좋은 곳이 있다는 것을 확인하게 된다면 현명한 사람은 자기가 살던 그곳을 미련없이 다 버리고 죽음을 두려워하지 아니하고 빈 몸으로 떠날 것이다.

육신 세상 보이는 세계도 그러하거늘 보이지 아니하는 정신세계를 말해 무엇할까. 알게 되고 또 믿어지게 되는 때가 오기만 한다면 누구나 반드시 그곳을 떠나고 말리라. 이처럼 신앙의 세계인 영의 세상에서는 더욱 그러하리라고 본다. 영의 나라가 보이지 아니하니 여기가 좋다고 살 수밖에 없는 것이 아닌가.

그래서 이 땅에서 다 이루고자 놓지 않고 붙들고 그렇게 피나게 싸우며 살고 있는 것이지, 엄마 뱃속에서 10개월 살던 아기가 세상으로 나오면 그 엄마 뱃속에서 살았던 그 삶을 정말 그리워하며 살까? 기억해 낼 수도 없는 일이지만, 기억하려고도 않을 것이다.

우리가 지금 살아가고 있는 이 지구촌 가운데 특히 대한민국, 이 조그만 땅덩이 안에서 싸우고 있는 권력의 정치 싸움, 물질 부의 힘인 경제

싸움, 신앙을 추구하는 종교의 영역인 신념 차이로 나오는 능력의 싸움. 이 모든 것들로 둘려 빚어진 현재를 살면서 쏟아지는 눈송이들로 인해 한 치 앞이 보이지 않는 현실이지만 어서 빨리 이 시기가 다 끝이 났으면 좋겠다.

전쟁터에서 살아남은 병사와 백성들의 환희와 슬픔의 고통 그리고 뼈아픔의 비참함이 펼쳐지더라도 어서 끝이 났으면 좋겠다. 언제까지 이 재앙의 눈송이들이 내려질 것인지 눈먼 정치와 정사와 권력에서 벗어나 내 나라와 백성들을 더 이상 괴롭게 하지 말라고 말씀하시는 하나님의 음성들을 듣고 있는 지도자들이 되었으면 좋겠습니다.

애국자의 어머니를 생각해 본다

두 아들이 생명을 걸고 애국 활동을 하는 모습을 보고 계시는 어머니의 마음은 어떠할까. 일 년이 되도록 유튜브 시청을 하면서 분별력이 생겨 애국 운동하는 분들도 진정성으로 목숨 바쳐 나라를 위해 싸우시는 분들은 어떤 분들인지 구분할 수 있게 되었다.

20년 세월 동안에 애국 언론방송 활동을 몸으로 하시느라 죽음을 각오하고 투쟁하고 오늘까지 일해오신 두 형제, 이분들이 떠오른다. 그리고 그 두 분의 어머니는 어떠하신 분일까, 한번 만나고 싶을 정도다. 본인들은 끓는 피가 애국을 하게 하지만 그것을 지켜보아야만 하시는 어머니는 하루라도 편하게 잠을 잘 수가 있으셨을까?

"손○○, 손○○" 이 두 분은 대한민국 이 나라의 현 상황을 이대로 두고 볼 수가 없을 것 같아 애를 태우고 있다. 바닷속으로 침몰해가는 배를 바라보며 발을 구르고 있는 것처럼 이 나라의 현재 운명을 건져내어 바르게 세워보려고 애쓰는 진정한 애국시민들이라고 나는 믿는다.

이제야 이 눈을 뜨고 보니 세상에서 뜻있는 일을 한다는 것은 기본인데 어찌 나는 의미 없는 무가치한 일로 일생을 살아왔단 말인가. 이분들의 어머니가 더 위대한 애국 어머니가 아니신가! 하나도 아니고 두 아들이 모두 애국 운동가로 활동하며 살 수 있겠는가!

나에게도 두 아들이 있지만 나는 상상조차 해볼 수 없었던 그런 일이 아닌가. 만약에 내 아들들이 그러한 삶을 살고 있다면 나는 여전히 그러하리라. 그분들의 어머니를 만나서 고백을 듣고 싶다. 어찌하든 바닷속으로 빠져 침몰해 버린 세월호처럼 지금 대한민국이 사회주의와 공산주의로 빠져있는 것이 분명한데 어찌해야 좋겠는가. 수많은 국민들이 두 발을 구르며 소리치지만 모두 각자 각자가 외치고 떠들기에 하나가 되지 않으니 어찌해야 좋을는지 모르겠다.

우리나라 국민성이 이러했기 때문에 늘 외적들에게 침략을 당하고 나라 없는 그 오랜 세월을 살아오게 된 것이 원인이 아닐까. 독립 국가로 당당히 서지 못하고 늘 자유를 그리워하며 살아야만 했던 이유가 단결력의 부족함 때문이었던 것 같다.

개개인들 모두는 탁월하지만, 큰 일을 해낼 수 있는 공동체 의식이 없는 것 같다는 생각이다. 하나로 묶을 수 있는 어떠한 그 매개체가 없었기에 이렇게 살아오게 되지 않았나 싶다. 가정도, 사회도 국가도 이제 무엇이 우리 대한민국을 하나 되게 할 것이며 이 위기에서 건져내어 살리게 될 것인가.

빛의 나라는 꿈이런가

멀고 험한 이 세상 길, 내게는 끝까지 덧없는 세상이로구나. 인류의 역사는 전쟁 역사이다. 눈으로 보이는 피 흘림이든, 보이지 아니하는 피 흘림이든 전쟁의 기록을 남기는 역사이다. 이 땅에서는 빛의 나라가 이루어질 수가 없어서 하나님 아버지께서는 선물 중에 가장 귀하고 값진 선물로 "죽음"이라는 선물을 마지막으로 주시는 것을 알았기 때문에 세상에 조금도 미련을 두지 않고 살아왔으나 이번 미국의 대통령 선거에 대하여 깊은 관심을 가지고 보아왔다.

애국심이 생겨나면서부터 우리나라의 상황을 보며 도저히 지금의 정권을 이겨낼 수 없을 거라는 사실 때문에 나는 은근히 미국의 손길도 바라보고 있었네. 그러나 미국의 상황도 우리나라와 다를 바 없는 사실에 꿈속에서 보여주신 그대로 지구촌이 흑암의 대륙으로 변해 빛을 찾아 부르짖어야 할 그날이 올 것이 분명하다는 사실에 이 세상 미련 없다.

그렇지 아니하다면 지구의 종말이 더 낫지는 않을까! 그리스도의 자유가 없는 참 생명 없는 나라에서 산다는 것은 끔찍하다. 거짓과 속임수로 영혼을 죽이는 사탄의 손아귀에서 산다는 것은 오히려 죽음을 달라고 기도하는 편이 나으리라

아니야, 우리들의 후손들은 어찌하라고. 우리에게는 소금과 빛이 있잖아. 쓰러지는 그 날까지 싸워야만 해! "이것이 진정한 삶의 의미다." 아~멘.

불 밝히소서

불 밝히소서!

사망의 그림자 골짜기에서 엉키고 설킨 채로 돌아가는 "코로나 19 "상술에 대박을 얻은 장사꾼들의 장터 시장에 불 밝히소서! 불 밝히소서!...

24시의 비밀을 알고 있는 정치와 경제와 종교의 1등 사기꾼들과 도둑님들의 비밀 장소 속으로 불 밝히소서! 불 밝히소서!...

하늘이 도화지요. 바닷속이 만색 물감이라. 영의 손으로 그리는 화가의 그림은 살아있기에 잡아 묶어 둘 수가 없을텐데!

. 톡~톡~ 툭~툭~ 어디라고 값으로 계산하려는가! 성령세례 받아서 회개하고 우리들의 하나님 아버지 품속으로 돌아오라.

세계전쟁 중이네

기독청이 세워져야 할 이유가 무엇일까? 천주교에서 세운 로마 교황청에 대하여 조금은 알고 있어서 우리나라에 기독청을 세우려고 하시는 것일까! 전광훈 목사님은 이 어려운 난국에 애국 운동을 계속 앞장서서 하시면서 몇 번씩 감옥에 가시고, 순교를 하려 하고 건강도 위험하신데 앞으로 나올 때마다 급하게 또 기독청을 세우려고 하시는지 궁금하게 생각하고 마음으로 기도로 말리고 싶었다.

그런데 오늘 그리하시려는 이유를 느낌으로 조금 알 수 있을 것 같다. 그것은 현 정권이 경제 파탄을 가져온 사실들 때문에 애국 목사로서 복음도 전하고 또 세계를 향하여 복음 통일과 예수 한국을 이루어 우리나라가 영으로 잘살고 육으로도 부강한 나라가 되어 부지런히 일하며 청교도 사람들을 하나님의 일꾼들로 바르게 키워 생산성 있는 일을 하시려는 계획이 있는 것이 아닐까 싶다. 하지만 개인적인 마음으로는 그저 나라를 생각하심도 좋지만 자기 개인을 너무 혹사하지 않으셨으면 좋겠고 또한 기독청이 세워진다면 교황청처럼 기념관이 되면 어쩔까 했었는데 그만 하나님의 꿈이 전목사님의 꿈이 되어있었으므로 이루시려는 사실이 이 시간 믿어지기 시작하니까 반드시 세워져야만 할 것 같다는 믿음이 내게도 생긴다.

지금은 세계전쟁 중이라는 사실을 알게 되니 지구촌 전체가 검은 대륙이 되지 않도록 복음 수출국으로 일하는 대한민국이 되어야 하겠구나.

기도하는 마음으로 누웠다가 잠시 잠을 잤는데 또 꿈을 꾸었다. 내가 살던 친정집 나의 방 안에서의 생생한 일들을 보았네. 짧지만 자세히는 노트에 기록해 두었다. 하나님은 지금도 나의 몸 안과 밖에서 살아 계시어 일하고 계시네. 하나님은 이 시간에도 그리고 여기에서도 살아 계시다

낙서가 주는 가치

한없이 눈물이 쏟아진다. 너무 힘들게 하는 사람을 보면서도, 이 나라에 살아가는 하나님 백성들이 당하는 고통을 보며 현 정권의 공권력에 대항하는 억울함과 분함을 저렇게들 견딜 수 없어서 개개인이 삶이 사나움처럼 하늘 백성들이 입술을 모아 사납도록 쏟아놓은 한탄과 통곡의 눈물을 보며 내 가슴속에서 터치고 올라오는 흐느낌의 눈물이 내 영혼을 덮었다.

"언제나 끝이 나려나" 몸이 아픈 것도 그러하거니와 뻔히 눈 뜨고 보면서도 벗어날 수 없는 주어진 환경 때문에 하루하루를 살아내야만 하는 삶은 기쁘지만 않다. 고통이 따르고 있다는 말이다. 그래서 내가 사나워지고 있고 강해질 수밖에 없는 것이 또 슬프기도 하다.

이처럼 이 나라에서 전쟁하고 있는 하나님의 자녀들과 애국 백성들이 탈출하여 떠나갈 배도 없고 땅도 없고 이곳에 갇혀서 일인 시위들로 외치는 모습들을 보며 내 억울함에 운다고 하겠지만 나도 국민의 한 사람으로서 공감대가 형성되어 공유의 삶을 살지 않을 수가 없다.

한 남편의 아내의 삶, 한나라의 백성으로의 삶을 살수밖에 없는 현실을 보며 언제나 끝이 날까. 9개월 전 어느 날부터 서서히 내가 살고 있는 이 나라에 대하여 질문과 함께 관심이 주어지더니 결국에는 오늘에 이른 것이다.

나는 내 집 안방 안에서 바깥세상을 내어보고 있지만 내게 보여진대로 등식이 성립된 것처럼 훤하게 볼 수가 있다. 언제쯤 사라지게 될지, 둘 중 하나가 먼저 세상을 떠나가면 해결되지만, 이 나라 이 정부는 언제쯤 가야 끝이나 백성들이 편히 살게 될꼬! 거짓과 속임수 정치에서 벗어나 진실과 순수와 성실과 정직이 나타나 생명의 삶을 살아가는 자유대한민국이 되어질지!

　이제는 그만 거짓이 다 드러나고 허탄과 술수가 다 밝혀지는 날이 속히 왔으면 좋겠다. 이 아침 낙서가 한없이 쏟아지는 나의 눈물을 이제 멈추게 했네. 그려! 고맙다. 핸폰아 고맙다. 손가락아!

더 나은 부활을 위하여

자유 대한민국의 건국이념을 근본 뿌리를 흔들어 뽑으려는 현 정권과 싸워야 한다. 왜냐하면 그 자리에 사회주의와 공산주의 사상체계를 세우려 하기에 우리는 싸워야만 한다. 우리는 태어나면서부터 자유를 맛보며 살아왔기 때문에 자유 없는 곳에서는 살 수가 없다. 그래서 싸울 수밖에 없어 싸운다. 그리고 거짓을 밥 먹듯이 하며 백성들을 속이며 파멸로 이끌고 가는 정부에게 우리는 우리들의 삶을 맡길 수가 없어서 싸운다.

그런데 나 같은 무식한 사람도 깨어나 두 눈이 열렸건만, 어찌 목사들이 현 정부와 야합하고 오히려 애국하는 전광훈 목사를 죽이려 하고 이단으로 몰고 목사직 파면을 위해 목소리 높여 떠드는지.

기독교 목사들은 말할 것도 없고 불신자들은 처형하라고 야단이고 코로나 손해배상조차도 사랑교회가 배상하라 하니 정말로 이러한 대한민국이야말로 이미 망한 나라가 아니런가!

전광훈 목사님이 너무 불쌍하다. 이런 나라를 살리려는 그 충성된 사랑의 마음을 보며 눈물이 올라와 내 자식의 고통을 끌어안고 울었듯이 요즈음은 자주 울컥한다. 국민 수준이 그러하거늘 어서 끝을 내었으면 좋겠다.

지금의 집권자들과 정치꾼들, 기업가들, 종교인들 절반 이상이 깨우치지 못한 이 나라 이 백성들을 위해서라도 우리는 이 나라를 그대로 두고 떠나야만 한다.

그리고 기다릴 줄 알아야 한다. 반드시 다시 회복 될 그날이 찾아올 것이다.

이 세상은 무섭다

　이 세상이 무섭다고 해도 정말 이렇게 무서운 걸까. 예수께서 성령에게 이끌리어 마귀에게 시험을 받으러 광야로 가사 사십일을 밤낮으로 금식하신 후에 주리신지라. 시험하는 자가 예수께 나아와서 정치, 경제, 종교로 시험했으나 그 세 가지를 다 초월하셨는데 오직 하나님의 입에서 나오는 모든 말씀으로 이기어 내셨다.

　1년이 넘도록 애국 운동을 벌여온 애국 백성들과 애국 성도들의 삶을 유튜브로 지켜보면서 나는 수시로 가슴을 졸이기도 하고 울기도 했지만 역시나 세상은 생존을 위한 삶의 터전 인지라 전쟁터이다.

　하나님은 다 보시고 알고 계시지만 당신의 자녀들을 이 땅에서 사는 동안 생존만을 위하여 살라고 하지 않으셨다. 부귀영화만을 얻어 누리며 살라는 것이 아니라 오직 물과 성령으로 세례를 받아 예수의 믿음으로 구원을 받고 더 나아가 예수의 믿음으로 생명을 풍성하게 영원한 생명을 얻게 하라 하셨으니 너희들도 나처럼 살아서 영혼들을 살리는 일을 하도록 하라고 본을 보이셨는데 우리나라 대한민국의 현재 상태를 보며 너무 무섭기도 하지만 너무 슬프기도 하다.

　세상 권력이라는 것이, 세상 돈이라는 것이, 세상 명예라는 것이, 바르지 못한 지도자들에게 넘어가면 모두가 칼이 되어 백성들을 죽이게 되겠다는 것이 분명하도다. 무섭다. 슬프다. 한 시대를 살아오면서 정말 보지 말아야 할 일들을 보게 되어 밤새도록 잠을 잘 수가 없도다.

오른쪽 귓속에서까지 이상한 반응이 나타난다. 공산주의가 되든 말던, 사회주의가 되든, 신경 쓰지 않으려 하지만 이 나라 때문에 애국 운동하는 전광훈 목사님의 파란만장한 인생길을 보며 내가 살아온 인생길의 길이와 넓이와 폭과 높이가 달라서 그러지 질감에서는 너무 똑같아 슬픔이 쉽게 가시지를 않는다. 날씨도 추워지는데 몸도 좋지 않으신 분이 감옥에 또 갇히는 그 모습은 잊을 수 없으리라.

대한민국이 다 망하여 사라진다해도, 전목사님 한 분만은 살아남아 계시도록 가족들과 함께 미국에서 와서 데려가 주었으면 좋겠다. 본질은 너무 귀하건만 비본질적 삶 때문에 고생하시는 것을 보면 너무 안쓰럽고 슬프다.

지옥 같은 현실

　지금의 대통령은 자유 대한민국 우리나라의 대통령감으로는 대통령의 기본과 자질이 전혀 없고 자유 민주주의 대한민국의 DNA가 없는 대적자로서 법의 왕으로서 강력한 진이다.

　이 시간에 잠은 오지 않고 그동안 우리나라의 정치와 경제와 종교가 물질의 풍요로 부패 되어 가던 중 현 집권세력이 들어와 미래를 향하여 사회주의와 공산주의로 이끌고 가려는 거짓된 숨은 음모와 독재 정치의 계략이 점점 드러나는 것을 보며 내가 스스로 내려본 결론이다.

　어쩌다 이 나라가 이렇게 되었는고! 엉망진창이요, 아수라장이다. 자유와 사랑과 진실과 생명은 어디로 가고 거짓과 권력만이 앞서는 법의 통치로 이끌고 가는 집권자들의 공권력을 향한 백성들의 부르짖음을 보며 약하고 힘없지만 애국하고 있는 민초들이 당하고 있는 고통에 나도 큰소리로 함께 외치고 대항하며 싸우고 싶다. 아비규환의 이 상태가 언제 끝나려나!

이겼습니다

새 시대가 열릴 것입니다. 불의를 행하는 자는 그대로 불의를 행하고 더러운 자는 그대로 더럽고 의로운 자는 그대로 의를 행하고 거룩한 자는 그대로 거룩 되게 하라.

"그대로"라는 단어는 영어로만 보아도 still이요, 헬라어로 보면 "에티"로서 그대로가 아니라 미흡한 시간이나 미흡한 정도의 그 이후, 또한 아직 이라는 뜻을 지니고 있다. 이 단어 하나에 내 시선이 꽂히게 되는 이 시간, 나는 가만히 귀를 기울여 보고 싶다. 아 시간과 때를 알려 주고 있네 "지금이 어떠한 시대를 지나가고 있는지를"

정신 차릴 수 없을 만큼 코로나19가 세계에서 난리이지만 그중에 우리나라 자유 대한민국은 아비규환의 상태 속에서 왕과 온 백성들이 전쟁을 치르고 있다. 현 정권의 법과 법이 없어도 살 수 있는 어리석은 백성들과의 사이에서 전쟁이 붙었으니 어쩔 것인가.

칼을 가지고 휘두르는 자는 칼로 망한다 했듯이 법을 가지고 휘두르는 자는 결코 법으로 망하리라. 자기 합리화로 만들어 내는 세상 법의 왕 아래에서는 모든 것을 그 법으로 심판하고 정죄하니 어찌 백성들이 살 수 있으리오. 보다보다 못해 하나님의 영을 가지고 사는 사람들이 성경에 기록된 하나님의 법을 가지고 나와서 회개하라고 기회를 주는 선지자와 동일한 한마음으로 기도하고 죽음을 각오하고 신앙심과 애국심으로 대항하는 백성들을 법으로 가두고 죽이고 독재 정치를 하려는 집권세력 때문에 나라가 지옥 불에 타고 있다.

모든 것을 법으로 행하더라도 상위법인 하나님의 법을 따라서 정치를 한다면 살기 좋은 세상이 되는데 자기들의 뜻을 합리화하고자 자기 법으로 칼을 대고 휘두르니 망할 수밖에 없지 않은가. 이제 그만해 두시고 내려오시지. 그동안 선지자의 외침 소리에 어리석은 백성들이 깨어났다네.

코로나19 까지도 정치로 이용하여 집권하려는 음모와 궤계를 알고 있는 백성들에게 그 악랄함을 펼치려 마라.

이 나라를 통으로 공산주의로 팔아넘기려는 그대의 욕심을 보면서도 인내하고 기다려왔던 선량한 백성들을 그만 괴롭히고 내려오라. 성경에 기록되어 있는 "에티"라는 "그대로"라는 단어를 가만히 보며 귀를 기울이고 있노라니 이 속에서 때와 시간에 대하여 직접 그 속내를 열어 보여주며 말해 주고 있다

"새로운 세대가 열리고 있다."라고 네가 염려함은 곧 삶의 기도라고 하나님 사랑은 율법의 완성이요 인간의 사랑은 자기 법의 패망이니라. 그러므로 교만은 패망의 선봉이요 넘어짐의 앞잡이니라. 아멘

참과 거짓의 분리

너희는 이 세대를 본받지 말고 오직 마음을 새롭게 함으로 변화를 받아지게 하여 하나님의 선하시고 기뻐하시고 온전하신 뜻이 무엇인지 분별하도록 하라(롬12; 2)

할렐루야! 아버지여! 어찌 이리도 사랑하시옵니까! 이 자유대한민국을!

코로나19로 이 악한 시대에 이 작은 나라 "대한민국"을 통하여 세상에 당신의 뜻을 이루시고, 참과 거짓의 실체를 볼 수 있도록 "코로나19"로 대전쟁을 일으키어 참과 거짓의 정치와 경제와 종교들을 다 밝혀내고 세계 만민이 볼 수 있도록 하루하루 일어나는 삶의 기적적인 사건들을 기록으로 남기어서 (이스라엘 백성들의 역사를 통하여 성경을 기록해 두셨듯이) 오늘날 우리나라 자유 대한민국을 제2의 이스라엘로 선택하시어 복음 안에서 하나님 아버지의 본질적인 사랑과 생명, 참자유와 참평강과 참거룩과 참초월의 삶을 밝히 드러내어 나타내시기 위해 이 흑암과 어두움 그리고 무질서와 혼란 상태 속에서 우리 모든 백성이 알을 깨고 빛과 질서의 나라로 바로 세워지는 참의 세상이 되어 온 세상을 향하여 빛의 나라로 세우시기 위한 아버지의 크신 사랑을 볼 수 있어서 오늘은 오히려 감사하네요.

잠시 지나가는 쓰나미 같은 "코로나19"도 이 큰일을 해주고 머지않아 떠나가리라는 생각을 하니 걱정하며 슬퍼했던 시간들이 오히려 변하여 감사가 된다. 이 세상에 태어나 감기 한번 앓지 않고 죽는 사람이 있겠는가 그렇다면 1년 가까이 현 정부가 백성들을 위협하며 사람들의 두 발을 묶어놓고 꼼짝 못 하게 하며 무슨 음모와 궤계를 꾸미면서 정치 운동을 하고 있었던고.

2020. 8. 15 숫자의 비밀을 통하여 밝히 내 손바닥에 올려놓고 사단과 귀신들이 놀이하는 거짓말과 장난질하는 속임수를 볼 수가 있겠네. 하나님이 살아계신 것을 안다면 세균까지도 이용해서 정치 장사를 할 수가 있겠는가. 참으로 거짓에 속아 넘어간 인간의 본질과 속성인 '사랑과 평화'를 들고 나와서 남북통일을 이루겠다고 하는 어리석은 사상으로 집권하려는 꼼수 세력에 썩은 정치와 경제와 종교를 볼 수 있게 되는구나!

사단 마귀의 궤계와 간사한 술수를 드러내어 주는 이 사실이 나 같은 사람도 볼 수 있게 되었는데 어찌 수많은 백성이 가만히 있을 수가 있겠는가. 그러니 그 수십만의 백성들이 천둥 치고 번개 치며 쏟아지는 비도 피하지 아니하고 저항운동을 하고 있었구나.

자유대한민국에서 75년 세월 동안 누리며 살아온 독립된 자유에 대한 감사를 이제야 알게 된다. 애국 운동하는 백성들에게 고맙고, 동참하지 못해 죄스럽고 미안하다. 조금만 더 지나가면 좋은 날이 오겠지. 힘없고 권력 없어도 오직 하나님의 믿음으로만 살아가고 있는 민초들도 자유와 생명과 거룩과 진실로만 살아갈 수 있는 그때가 반드시 곧 오게 되리라고 확신한다. 현장에서 목숨 걸고 고생하고 있는 애국 백성들과 애국 성도들, 그리고 전광훈 목사님과 광야교회의 모든 식구들이 지금 받고 있는 이 박해와 핍박이 지나갈 수 있도록 기도합니다.

불장난하는 아이들 같아서

2020. 8. 15 광화문 대집회에 반드시 참석하고 싶어 저녁 식사를 한 뒤에 마트에 가서 우비옷과 깔판을 사가지고 왔다. 내일을 위해 목욕을 하고 들어와 등산 가방에 준비물을 담은 후 유튜브 영상을 보다 보니 밤 12시가 넘었다. 항상 한번 기침이 나기 시작하면 쉽게 멈추지 않아 꾀나 불편하지만 전철 안에서 다른 이들에게 혐오감을 주게 되지는 않을지 하는 생각도 든다.

몸을 따뜻하게 덮어주고 물을 먹어서 가라앉혀 주기도 하지만 기침이 멈출 때까지 기다려 주어야 한다. 약하니까 어쩔 수 없다. 늘 한약을 보관해두고 살지만 그러나 이웃들에게 방해는 되어주지 말아야 하는데, 애국심이 생겨난 지 8개월밖에 안 됐어도 정말로 자유대한민국이 자랑스럽고 고맙다.

코로나19를 가지고 정치적 이용을 하는 현 정부 집권자들 때문에 1년이 넘도록 싸우며 심한 고생을 하는 애국 백성들과 종교 단체들, 모든 애국 목사들과 성도들. 특히 사랑제일교회 성도들과 청교도 목사님들 이 모든 애국 백성들이 보이지 않는 전쟁터에서 당하고 있는 핍박과 환란과 고난의 소식을 보고 들을 때마다 나 같은 무지랭이도 분노가 끓어오르는데 그분들이야 오죽하랴. 목숨과 생명을 던지고 싸울 수밖에 없이 되어버린 이 상태를 보면서 내 몸도 들썩인다.

이 악한 현 집권자들. 사상이 큰 문제이지만 한마디로 말하면 무식해도 보통 무식하고 사악한 인간들이 아니다. 마치 초등학교 일학년 수준에도 이르지 못하는 것 같아서 저들과 싸울 필요도 없다고 보지만 대한민국이 사라질 수도 있는 불장난을 하는 모습을 보며 그냥 둘 수는 없는 현실이 아닌가. 싸우지 아니하면 않되는 이 나라, 이 백성들이 마냥 불쌍하기만 하다. 공산주의와 사회주의로 끌고 가려는 어리석은 짓만 아니면 그냥 내버려 두어도 되겠는데 저 불장난을 하고 있는 것을 보고도 그냥 내버려 둘 수가 없어서 진행을 멈출 수가 없음을 나 같은 사람도 보이는데 어찌 가만히 있을 수가 있으리.

속히 오리니

크로스비 여사가 작시 작곡한 찬송가 204장 "예수로 나의 구주 삼고" 와 복음song "살아계신 주" 이 두 곡을 부르며 가사를 자세히 적다 보니 벌써 아침 6시 30분이 넘었네. 장마철이라서 그런지 밖은 여전히 어둡다. 또 쏟아지겠네.

2020. 8. 15라는 숫자가 역사의 암호 기록으로 새겨질 것 같다. 세계가 시끄럽지만, 어서 빨리 8월 15일이 지나갔으면 좋겠다. 자유 대한민국의 현 정부가 너무나 무법천지로 밀고 나가 자기들의 세상을 구축하여 국민을 위하고 모두가 잘살게 되는 것이 아니라 독재를 이루려는 음모가 드러나 내가 봐도 알 수가 있을 정도가 되었으니 어찌 온 나라가 시끄럽지 않겠는가.

그 거짓과 속임수가 다 드러나기까지는 죄 없는 선량한 백성들 모두가 오래오래 잘도 참고 기다리며 왔네! 대한민국 70년 동안에 정치, 경제, 종교가 너무나 물질 풍요에만 중심을 두고 달려와 잘사는 나라는 되었지만, 오히려 백성들의 정신세계는 서서히 부패 되기 시작하여 타락의 길을 걸어온 것이 분명하게 드러나지 않았는가. 그래도 다행한 것은 곳곳에 다방면으로 숨어있는 살아있는 정신들이 깨어있어서 건전하게 자기자리를 지키며 살아온 국민이 있었기에 지금 이런 전쟁이라도 할 수 있는 것이 아닌가 하는 생각이 든다.

열심히 인내하며 꾸준히 자기 생활들을 소리 없이 충실하게 살아낸 백성들 모두가 있었으니 대한민국을 사랑하며 세상을 정화시키고자 알게 모르게 희생하며 눈물 뿌려 기도하며 본을 보이며 살았던 애국 백성들과 애국 성도들이 존재하였기 때문에 오늘이 있게 되지 않았나 싶다. 이 나라가 보기에는 지금 뒤죽박죽 엉망진창이 되어있어 혼란스러워 보여도 앞으로는 복음 안에서 하나하나 실타래 풀리듯 정리되어 제자리로 다 돌아가게 될 터이니 참고 인내하며 놀라지 말고 두려워 말라. 겁내지 말라. 반드시 내가 너희들을 축복하리라. 내가 너희의 소원을 이루어 주는 날 속히 보리니 내게 영광 돌리리!...

내가 죽고 없는 저세상에도 풀 한 포기는 살아있고 내가 지금 살아있어 살고 있는 이 세상에도 풀 한 포기는 여전히 살아있느니라 아~ 멘

그리스도의 이김

자유민주주의와 공산주의 체제 사이에서 자유를 위하여 몸 바쳐 싸우고 있는 대한민국의 백성들, 현 정부가 한 번도 경험해 보지 않은 길로 가려고. 사회주의로 그리고 공산주의로 이끌고 가려는 궤계가 날이 갈수록 깊어지는 것이 나 같은 바보도 보여 알게 된다. 진리로 깨어있어 자유와 평화를 누리고 살아본 사람들은 잠잠히 기다리고 있을 수가 없어서 제자리에서 뛰어나온 대한민국을 사랑하는 애국자들과 애국 성도들, 기독교 회와 종교 단체들이 목숨 내어놓고 결사반대를 외치며 저항운동을 하며 1년이 넘치도록 싸우고 있는 사실에 놀라지 않을 수가 없다.

이것은 완전히 영적 전쟁이로다. 핑계치 못할 것이다. 대한민국 역사에 큰 한 획을 긋는 선악 세상의 온 백성들을 향한 깊은 하늘의 메시지가 담긴 천사들과 악마들의 전쟁 드라마로 보고 싶다. 한 편의 영화나 연극으로 온 국민에게 하나님 손에 들림 받는 나라로 나타나는 날이 곧 오게 될 것입니다.

대한민국의 모든 백성들, 선악의 연출자. 진행자. 출연자들, 모두 모두 수고 많이 하셨습니다. 전쟁은 끝이 났고요, 이미 막은 내려졌습니다. 보여집니다. 8월15일, 그날을 간절히 불안한 마음으로 기다리고 있는 나에게 현실보다 더 분명한 사실로 보이니 감사할 뿐입니다.

이 영적 전쟁을 치르는 과정에서 피 흘리는 고통의 부르짖음은 결국 누구를 위하여 이 종이 울렸을까요? "일어나 걸어라" 복음송으로 찬양이 터져 나옵니다. 할렐루야!

　"예수 한국, 복음 통일"을 꿈꾸는 이유는 하늘들의 나라 곧 《새 예루살렘》을 향함이라.

이런 세상을 기다리며

눈을 뜨고 감아도 앉으나 서나 오직 "예수 한국 복음 통일"의 꿈을 위해 수고하는 대한민국의 모든 애국 성직자들과 광화문 광야교회의 성도들이 부르짖으며 현 정부를 향하여 투쟁하는 모습들을 보면서 개혁이 이루어져 새로운 정치와 경제와 종교가 세워지기를 기도한다.

대한민국 기본헌법으로 토대가 세워지고 성서의 말씀과 신앙의 자유를 바탕으로 하는 자유민주주의 체제가 세워지도록 나 자신도 애국 운동에 적극적으로 참여하고 있다. 세끼 밥 먹는 것에도 관심이 가지 않고 내 삶의 초점이 전목사님과 애국 운동 본부 유튜브에 꽂혀 있어 잠 자는 것까지도 잊고 밤을 새우는 날들이 많다. 눈에 핏줄이 터지기도 한다.

지난날들 동안에는 육신의 두 아들과 남편과 내 영혼에 대하여서만 눈물로 기도를 하면 오히려 주님은 불쌍히 여기시어 영의 말씀으로 바꾸시어 하늘 복으로 부어주셨다. 그래서 오직 그 은혜로 이기며 살아왔듯이 요사이 8개월 동안에는 전혀 내가 알지 못했던 애국심으로 내 가슴 문이 열리면서 성령이 대한민국 내 나라를 위하여 기도에 참여하고 찬양하고 말씀 듣고 살고 있다.

종일 눈이 쑤시고 등이 떼여나가는 것 같아도 좋아서 이곳에만 집중하고 있다. 마음으로, 영으로 정치와 경제와 종교가 새롭게 개혁되기 위한 혁명운동에 무엇으로 협력하여 보답하여야 사랑의 빚과 은혜의 빚을 조금이라도 갚을 수 있을꼬, 떨리는 마음으로 범국민운동본부와 모든 애국자들과 청교도 목사님들과 성도님들을 향하여 내 가슴을 열고 있음을 본다.

더 나아가서는 전광훈 목사님과 청교도 목사님들 사랑교회 성도님들을 향하여 감사하며 아버지께 기도를 하고 있다. 대한민국을 지극히 사랑하시고 온 백성들을 사랑하시는 아버지 하나님께서 이 땅에 "주기도문"의 말씀이 성취되고 성령으로 하나 되어 "만유 회복"이 이루어지도록 원하시기에 따라서 함께 간구합니다.

예수 한국, 복음 통일 이루어 복음의 수출국으로 일하는 대한의 아들 딸들이 되게 하소서!...

세상 모든 것에 감사

오늘은 2020년 6월 20일, 유튜브를 검색하니 볼만한 프로그램들이 많아서 몇 가지 들을 골라 시청을 하고 묵상을 했다. 하나는 김창옥 교수와 또 하나는 도올 김용욱 교수의 강연을 들었고 또 하나는 전광훈 목사님의 설교(성령세례를 받으라)를 들었는데 내용은 2012년도 집회에서 하신 말씀이었다. 그 제목은 다 듣고 적어 넣기로 하고 이 서너가지 프로그램에 나오신 강사들의 강연을 다 듣고 난 후에 내 나름대로 분별하며 내가 살아온 내 나 자신의 삶을 진단하며 점검해 보았다.

그리고 내 생애 마지막에 참으로 해보고 싶은 일을 어떻게 마무리 짓고 가야 하는지 좀 더 깊은 묵상 가운데로 들어가다가(앨범을 찾아보니 3월28일에) 우리 집 위로 종일 크고 둥근 무지개가 떠나지 않고 온종일 떠올라 있어서 시간마다 들락날락하면서 사진을 찍어 놓았고 너무나 신비스러워 혼자 나가서 지나는 사람들에게 저 무지개 좀 보시라고 하며 보고 또 보고 확인하며 어찌 저렇게 맑은 하늘에 "원형 무지개"가 온종일 있는지, 어떠한 표적 같은 증거의 날이 아닐까 했었던 그 날, 그때가 기억이 되어 내 블로그에다 이렇게 또 글을 쓰는 것이다

전광훈 목사님 설교 내용 가운데 하신 말씀 중에 늘 애국 집회 때마다 하늘의 무지개가 쫓아다니며 나타나서 약속으로 용기를 주신다는 하나님의 증거를 보신다고 말씀하시는데 번뜩 그때 그 일(2020, 3, 28일)이 생각나서 찍어두었던 무지개 사진을 찾아 올려놓고 싶어 찾아보았지만

내 블로그 형식이 한 달 전에 바뀌어 그 후로부터는 글도 써넣을 수가 없었으나 8일 전에 요령을 터득해서 이렇게 글을 다시 남길 수가 있게 되었다.

이미지 사진을 이곳에 올려놓고 싶은데 도저히 기술이 부족해 올려놓을 수가 없으니 일단은 뒤로 미루어 놓고 글을 다 써 올려놓은 다음에 이미지 사진 올리기를 시도해 보다가 안되면 물어보고라도 배워야겠다는 마음이다.

나도 조금이나마 애국하고 싶은 마음이 8개월 전부터 들어왔다. '늙어서 철났네'라는 소리를 들어도 좋고 '망령났다' 해도 나는 좋다. 그러고 보니 나는 이 좋은 나라 대한민국에 대하여 빚진 자이다. 자유를 평생 누리기만 했으니까. 신앙을 소유하기 전에는 내 가족 하나만을 위해 살았고 신앙을 소유한 42년 동안에는 오직 내 영혼과 보이지 않는 영의 세계 그 하나에만 사로잡혀 형이상학적이고도 이상적인 것들만 추구하며 세상사는 일에는 등지고 소홀히 하며 성경 말씀 연구의 삶과 복음의 사람으로 살아가려고 하니까 오히려 현실 도피적이요 몽상가의 삶을 산다고 무시당하며 세상을 너무 모르고 산다고 해서 그만 복음에 미친자의 소리를 열지 못하고 가슴속 깊은 곳에 숨겨두고 터질 곳이 없어 오직 노트에다가 매일 매 순간마다 일기처럼 낙서하며 기록하며 42년을 살아왔다.

이제는 저장해 놓은 모든 씨앗들을 내 힘으로 책을 만들어서 세상에 뿌리고 싶다. 하나님께로부터 받은 선물들이라서 세상에 뿌리고 싶은 그 마음이 애국 되어지는 길이 되도록 구상하고 있다. 나를 이렇게까지 만드신 분은 오직 성령 하나님이시니 내 어찌 감사하지 않을까!

그동안 때를 기다리며 미루고 서둘지 않았다. 그러나 유튜브로 전광훈 목사님의 설교와 애국 운동을 통하여 유튜브 안에서 영으로 만나 뵙게 되면서부터 내게도 삶의 용기와 강한 의지가 일어나 나의 마지막 인생을 값지게 마무리 짓도록 기회를 제공해 주셨음을 인정하며 감사 드리고 있다. 모든 글을 에세이, 수필집으로 출간하여 그 책으로 대한민국의 애국하시는 모든 백성들 옆에서 응원가라도 불러주는 민초로의 역할을 하도록 이제 새로운 몸의 옷을 갈아입고 이 자유의 땅 대한민국에 조금이나마 기여하고 세상을 마무리하고 싶다.

새 예루살렘 성안에서의 할 일을 찾았네

내가 기쁘게 살지 못했던 그 이유를 찾았습니다. 내가 슬픈 인생길을 걸어왔던 그 이유를 잡았습니다. 전광훈 목사님의 삶을 통하여 그리고 광야교회 목사님들과 사랑교회 성도님들의 신앙의 삶을 살아가는 모습을 유튜브를 통하여 바라보면서 성령의 힘을 강하게 공급받아 온몸으로 새롭게 힘을 얻어 내가 이곳에서 혼자 있을지라도 이렇게 기쁘게 살아갈 수 있는 자가 되는 나를 보면서 슬픈 인생길을 홀로 살았던 42년의 외로운 광야생활이 뜬구름 사라지듯 완전히 사라져 청산되고 말았습니다. 나의 인생 나그네길 75년 세월을 보냈지요. 지금부터는 진리 안에서 복음으로 강하게 새로운 삶의 시작을 이루어 갈 것입니다.

죠나단 목사님이 말씀하신 것(기쁘게, 예쁘게, 바쁘게)으로 그 좋은 것을 선물 받고서도 나를 짓누르고 있는 그 구두에서 벗어나지 못했으나 이제는 벗어나 새 옷 새 신발로 갈아신고(책상에 앉아서 쓰고 공부하며) 오직 아버지 사랑으로 하늘나라 교회 전도자의 삶을 살아가도록 성령께서 제자리를 찾아주셔서 진심으로 감사를 드립니다.

할렐루야! 육신의 눈으로는 전혀 보이지 않는 새 예루살렘 성안에 있는 몸 성전, 몸 교회입니다. 하늘들의 나라, 기쁘게, 예쁘게, 바쁘게 살아가게 될 것입니다. 감사해요.

할렐루야, 아멘. 감사

가장 아름다운 눈물

　세상에서 "가장 아름다운 눈물"을 흘리는 모습을 유튜브를 통하여 보았었기에(그 장면은 종로경찰서 앞에서 보았던 장면이었다. 나도 우리 집 안방에서 함께 울었다) 이 세상에서 "가장 아름다운 눈물"을 공유해 보았기에 그런 사람들이 애국하고자 모여 날마다 기도와 말씀 안에서 은혜를 받고 투쟁하고 있는 사랑교회를 찾아가고자 작은 담요까지 준비하고 나섰지만 갑자기 바람이 세차게 불며 추워지는데 정류장에서 버스를 기다리면서 처음 찾아가는 길이라서 멀기도 하여 연약한 내 몸이 감당할 수가 없을 것만 같아 마트에 가서 반찬거리를 사고 집으로 다시 들어갈까 하며 조금 주저하고 있었는데 전화가 걸려와 받아보니 사랑하는 조카딸이었다. 코로나19 때문에 오랫동안 보지 못했었는데 서로 보고 싶어서 방향을 바꾸어 조카네 집으로 가서 깊은 교제를 하며 이 세상에서 가장 아름다운 눈물도 흘리며 장시간 누렸다.

　이 세상에서 "가장 아름다운 눈물"을 흘린 영육의 한 몸 사랑체, 뜻과 의지와 견해가 하나이다. 다만 다른 것은 육신이 나는 늙었고 그는 아직 젊어 싱싱하다는 것이다. 그러므로 하나님께서 오직 그에게 무궁한 지혜와 능력으로 부어주사 창조적인 삶을 마음껏 살아보도록 축복해 주시기를 나는 기도로 동역할 것이다. 아~멘. 할렐루야!

이김의 복

일주일 동안만이라도 집을 떠나 뜨겁게 기도하는 무리 속으로 들어가 함께 훨훨 타고 싶다. 나도 교회로 들어가 마음껏 내 육체의 목숨이 남아 있는 동안에 복음 안에서 내 영혼의 삶인 "생명 에너지"를 공유하도록 값없이 흘려보내고 싶다.

지난 11월에 유튜브를 알게 되어 만나게 된 광화문 광장에서의 집회를 두 번 갔었는데 내가 세상을 바라보는 눈이 열리기 시작했고 더 나아가 전 목사님의 말씀 메시지를 듣고 우리나라를 향한 애국심이 생겨나기 시작했다. 더 나아가서는 전광훈 목사님은 하나님께서 삶으로 쓰고 계시는 귀한 목사님임을 확인하게 되어 얼마나 귀하시고 중하신 분인지 나로 하여금 소망의 기대 속에서 하루하루를 유튜브로 들어가 살게 되었다

목사님을 통하여 하나님의 역사는 계속 진행하시고 계심을 뚜렷하게 볼 수 있어서 나도 내 삶에 얼마나 큰 힘이 되는지 모르겠다. 그리고 한국 교회의 지도자들의 영혼을 되살려내야 할 때가 도래되었음을 보며 사랑교회를 가보고 싶어 어제 가려다가 목욕 한지가 너무 오래되어 가렵기도 하지만 사람들을 만나면 냄새를 풍길까 목욕을 하고 난 후 내일 가야겠다고 생각하고 목욕탕에 가서 씻고 왔다.

집에 들어오자마자 유튜브를 열어서 보니 "전목사님 석방"이라는 소식이 떠올라 끝까지 지켜보았다. 천만인이, 만만인이 목사님께서 두 번 다시는 그러하실 일이 없으시도록 제발 편히 복음 전하는 일만 하시며

사실 수 있도록 지혜롭게 섬기며 더 나아가 슬기롭게 도와드렸으면 좋겠다.

귀한 것은 귀한 것으로 보전하듯이 온 백성들이 협력해 드렸으면 좋겠다. 그저 살아계시다는 사실만으로도 족하여 앞으로는 절대로 애국 운동의 선봉에 서지 아니하시도록 협력해드리는 지혜로운 백성들이 되기를 기도합니다.

하나님의 이김, 그리스도의 이김, 성령님의 이김, 우리들의 이김 "이 나라 이 백성의 승리"

"대한민국의 승리를 위하여"

수고하셨습니다

그동안 수고하셨습니다. 애쓰셨습니다. 고맙습니다.

우리나라는 대통령은 없어도 하늘이 내린 선지자는 반드시 있어야만 했습니다. 이승만 대통령은 하늘이 내린 대통령이셨고 전광훈 목사님은 대한민국 71년 역사의 흐름 속에 하나님이 보내신 마지막 선지자이셨습니다. 이 나라에는 반드시 대통령과 함께하는 선지자 없이는 존재할 수가 없고 통치되고 유지되어 질 수가 없었습니다. 그 이유는 사람도 작은 나라요 가정도 작은 나라요 교회도 작은 나라요 국가도 작은 나라입니다.

개개인, 모든 사람도 한 가정, 한 가정, 종교 단체들도, 모든 사회단체도, 모든 교회도 보이는 땅과 하늘이 있는 한, 조직 없이는 굴러갈 수가 없습니다. 모두가 다스리는 지도자가 없이는 굴러갈 수 없기 때문입니다.

올바른 지도자냐, 아니면 그릇된 지도자냐에 따라서 개인의 운명도, 가정의 운명도 사회단체의 운명도 국가의 운명도 모두 모두 달라지게 나타나는 것이며 세계의 운명까지도 다르게 나타나게 되는 것입니다

그러므로 특히 대한민국이 지금까지는 잘 흘러 흘러 여기까지 온 것은 하늘이 내린 지도자들이 있었기 때문에 영원한 생명의 자유와 평화가 아닌 선악의 자유와 평화라도 마음껏 누리며 살아올 수는 있었지만 그러는 동안에 선악으로 꽉 차버린 포화상태가 되어있을 뿐입니다. 그래서 더이상 거짓 자유와 평화로는 더 나아갈 길도 방법도 없습니다.

이제부터는 하늘이 내려준 대통령이라 할지라도 찬성과 반대, 행복과

불행을 거듭 반복하며 성공과 실패를 낳는 불안전한 자유와 평화로는 유지되어 나갈 수가 없는 상태라 할 수 있습니다.

이제는 대한민국이 유지하고 나아갈 참자유와 참평안은 더이상 없을 것입니다. 모든 백성이 모두가 다 대통령들이 되어버린 대한민국이 되었기 때문입니다. 이제는 지도자가 필요 없는 포화상태가 되어버린 이 나라를 어느 누가 이끌고 가겠습니까. 다시 사는 길은 선악이 폭발해 초토화되어버린 곳에 새로운 싹이 나는 개인과 가정과 사회들이 되어야 합니다.

종교 가지고도 안됩니다. 이제는 예수그리스도 안에서 십자가 사랑으로 구성이 된 가정, 사회단체, 교회, 나라들이 되어가야 온 세계에까지 평화스러운 세상이 될 것이기 때문입니다. 하나님이 이 땅에 내려보내신 사람 하나님 한 분 오직 "예수그리스도" 이분을 이제는 더이상 우상으로 만들어 놓고 섬기는 것이 아니라 복음으로 태어난 아들들이 살아가는 새로운 세상으로, 세상 나라 사람으로 통치하는 통치자가 아니요, 예수그리스도 공의와 사랑의 지체가 되는 사람들이 되어 살 수 있도록 백성들을 사랑하고 하나님의 사랑을 받으며 그 사랑으로 서로 섬기는 그리스도의 사람들이 살아갈 나라로 세워져야 합니다. 예언자 중의 예언자로, 선지자 중에 선지자로 쓰임 당하신 전광훈 목사님과 사랑교회 성도님들 그리고 애국 목회자들과 시민애국자들 모두 그동안 수고하셨습니다. 애쓰셨습니다. 고맙습니다.

광야교회를 통하여 하나님의 Vision을 보았습니다. 우리는 잊지 않을 것입니다. 사랑합니다. 눈물 나도록 감사합니다. 온 세계의 자유와 평화를 위하여 나가실 수 있으시도록 선지자로서 준비된 선지자가 되도록 기도하렵니다. 할렐루야!

세계 기네스북으로...

이 세상에 내가 태어나 75년 동안 살면서 보아온 중에 그렇게 아름답고 고귀하고 값진 사랑의 눈물은 처음 보았기에 감격하여 함께 울었답니다.

어젯밤 늦은 시간에 유튜브를 통하여 종로경찰서 앞에서의 실황중계 방송을 듣고 보면서였지요. 그것은 부모와 자식 사이에서 일어나는 사랑도 아니요, 남편과 아내의 사이에서 보이는 사랑도 아니요, 친구 사이의 사랑도 아니요, 전쟁터에서 죽어가는 전우의 사랑도 아니었답니다. 종교 안에서 종교인들끼리의 사랑도 아니요, 영원한 생명의 복음 안에서 태어난 진리의 사람으로 빛과 소금이 되어 애국하는 목회자들과 성도들의 가슴속에서 터치고 올라오는 용암같은 뜨거운 그 사랑의 눈물을 보았는데 이 시간에도 이 글을 쓰면서 어제와 똑같이 그 눈물이 또 쏟아지네요.

내가 이 세상 떠나는 날까지 오늘 이후로부터는 매일 침상에 누울 때마다 반드시 상기해서 기도하며 어제처럼 ing 상태 속에서 잠들어야 할 삶으로 내 가슴속에다 쾅쾅 대못을 치고 감사함으로 다짐한다. 이 아름다운 그 사랑의 눈물과 서로 사랑하는 그리움을 향한 외침의 소리를 낼 수 있는 그 사람들의 그 장면은 세계의 기네스북에 올라가 실려진다 해도 부족함이 없겠다

입술로만 하는 사랑이 아니라 영과 혼과 몸으로 하나가 되어 애국하는 하나님의 아들들과 모든 남녀. "하늘들의 나라", "예수 그리스도의 형제들" 이들의 그 사랑은 계산이 없고 자기가 없는 사랑체 들임을 보았지요.

※ 참자유란 성도들은 내 교회 건물이 없어도 살 수 있으나 성령 하나님이 없으면 자유로이 살 수 없듯이 국민들은 내 나라를 가지고 있지 않으면 자유롭게 살 수 없다.※

잠시 휴식을

성령께서 기도하시니 나도 기도합니다. 펑펑 하늘에서 눈이 내리고 있어요. 전목사님을 위해서 기도합니다. 그를 정말 사랑하신다면 2.29~3.1 애국 운동 행사를 하지 못하도록 어떠한 방법으로라도 막아 주세요.

이 세상 나라가 사라져 다 없어진다 할지라도 당신이 사랑하시는 당신의 아들이요, 종으로 일하시는 전광훈 목사님 한 분 속의 계신 그리스도의 나라는 그 무엇과도 비교할 수 없고 바꿀 수 없는 그러한 영광과 존귀와 찬송이 넘치는 빛의 나라이지 않습니까. 이 지구촌이 사라지고 멸망한다 할지라도 이분만큼은 이 땅에 살아남아 증거자로 계셔야 하오니 옥에 가두서라도 예정된 행사의 날이 지나가도록 해주세요.

대한민국 이 나라 하나만을 위해 몸 받쳐 죽어야 할 분이 아니옵니다. 온 우주 속에 존재하는 하늘들의 나라를 위해서 바쳐지는 몸이오니 하늘의 천군 천사들이 눈송이들처럼 이 땅에 내려와서라도 그를 보호해 주세요. 하늘의 별처럼 수없이 많은 그리스도의 사람들이 이 땅에 살고 있지 않습니까. 이 나라를 위해 몸 바쳐서 애국 운동하고 있는 이 땅의 동역자들 속에도 전목사님과 똑같은 그리스도의 사람들도 줄지어 있잖아요.

제2, 제3, 제4, 제5... "그리스도 예수의 형제들"이 형제들이 드러나지 않았습니까? 반년이 넘도록 모두 밤낮으로 함께 대한민국 애국 운동하느라 고생을 하였으니 이들 모두와 함께 육신들도 잠시 휴식의 시간을 가질 수 있도록 쉼의 기회를 허락하소서!

나는 죽어도 그리스도는 삽니다. 이 나라는 망해도 그 나라는 흥합니다. 펑펑 하늘에서 눈이 내리고 있어요. "아버지가 일하시니 나도 일합니다." 성령이 일하시니 우리도 일합니다.

주장과 책임

　가정의 지도자, 교회의 지도자, 사회의 지도자, 나라의 지도자, 세계의 지도자, 각 분야에 세워진 지도자들. 많은 지도자 중에는 훌륭한 분들도 많지만 극히 소수는 제대로 자기 역할과 리더의 능력이 부족하여 책임과 의무를 제대로 감당하지도 못하면서 오히려 가정이나 사회나 나라의 리더로서 자기 권리와 자기 법으로 끝까지 주장을 굽히지 않아 상대들의 삶을 힘들게 하여 메마르게 하면서까지 고통을 주고 자기성공만 주장하며 강요하여 다스리려고만 한다면 언젠가는 반란과 요동이 일어날 수밖에 없고 나중에는 폭동까지 일어나 부서지고 깨어져 파탄의 경지에 이르지 아니할 수가 없으리라고 말할 수 있을 것이다.

　그러므로 지도자로의 자질과 능력이 갖추어져 있는지를 확인해 보고 난 후에 없다는 사실을 알게 되면 차라리 지도자의 자리에서 내려와 가족, 사회, 교회, 조직의 공동체들의 일원의 한사람으로 내려와 친구처럼, 형제처럼 새로운 의식을 가지고 살아간다면 평화롭고 화목한 가정과 사회, 교회, 나라가 되어 공동체 모두가 스스로 책임과 의무를 분량대로 각기 짐을 나누고 살아갈 수 있어서 모든 공동체로서의 행복감을 함께 맛보며 가볍게 모든 일을 이루게 되므로 말미암아 화평의 처소로 지어져 갈 것이다.

　우리의 가장 귀한 보물은 오직 하나님의 영광을 아는 빛이건만 세상 영광 쓰레기들을 가득 채우고 살아가려는 인생살이 그곳으로부터 우리들은 언제쯤 벗어날 수 있으려나...

행복의 나라

    오늘은 이 나라의 슬픔과 기쁨이 함께 바닷물 위로 표출되어 나올 수 있는 날이다. 지금까지 바닷속에 감추어져 있던 이 나라를 위한 애국자들의 승자와 패자가 드러나 갈라질 수밖에 없게 되는 어찌할 수 없는 그런 갈림길에서의 시작을 알리는 날이다.

    대한민국의 운명이 어떻게 죽고 어떻게 다시 사느냐? 의 문제가 걸려 있는 크나큰 사건의 날이 아닌가! 기도와 간구를 할 수밖에 없구나. 선한 방법으로 인도해 주시기를!

    참 행복의 나라는 모든 각사람 속에서만 세워진다고 확신한다. 선한 사람들로 인하여서 이 나라에도 세워지게 하소서! 이제는 유튜브로 눈길을 돌리던 일도 조금 뒤로 하고 또다시 내가 바라보고 가야 할 그 길을 고요히 가야 하겠다.

    한번 직접 가보고 싶었지만 가지 못한 광화문 광장집회를 유튜브로 그곳을 듣고 보니 에피 성령의 역사가 대단함을 느낄 수가 있었고 이 세상 사는 동안에 모든 인생은 누구나가 수고와 슬픔을 태생적으로 살다가 가는 것이구나.라는 사실을 느끼게 되었다.

    아프다. 내 나라는 영원한 패자와 승자가 없는 나라이지만 이 나라는 늘 패자와 승자가 함께 있는 나라인 것을 볼 수 있어서 잠시 동안 또 슬픔이 스치고 지나가는구나. 이 나라에 그 나라가 언젠가는 세워질 수 있도록 말씀 안에서 간구하며 살다가 눈을 감아야 되겠다는 마음이 드는구나.

지금까지는 나 자신의 내면 그 하나만을 위해 살아온 자로, 이제는 나의 외면 세상을 향하여 눈을 열고 말씀 안에서 기도하자. "하늘들의 나라" 하나님 나라를 간직하고 그 나라를 지키기 위해서는 얼마나 불꽃 같은 눈으로 내 가슴속 세상을 지켜야 했는지 그것만을 위하여 살아온 지난 세월의 흐름을 지금 또 보았네. 또 노래합니다.

"행복의 나라"

내 가슴속에 찾아온 그 하늘사랑 이 세상에서 사는 날 동안 모진 풍파 다 겪고 폐허 된 가슴속에 오직 그 생명 하나 품고 살아온 죄로 세상에서 버림받았을지라도 인생은 슬픔의 꽃을 피우고 신생은 영광의 꽃을 피우는 "십자가 사랑" 그 사랑을 배우며 익히며 오직 사망과 생명을 죽음과 부활로 노래하는 그 몸으로 살다가 떠나가는 영혼의 사람들. 곧 참된 교회들이 되는 대한민국의 백성들이 되면 좋겠다.

당신의 나라는 승자와 패자가 절대로 없는 나라입니다. 하늘들의 나라는 의와 희락과 평강으로 이긴 자들의 나라입니다. 이 모든 세대가 다 지나가고 "내가 너요, 네가 나다."라는 상태가 될 때까지 이 길을 가야만 해요. 그렇다면, 아직도 멀었겠지요. 이제 시작인가 보아요.

이 대한민국을 긍휼히 여기소서...

질서의 세계

배를 갈라놓은 오골계 뱃속에 들어있는 알들을 보면서 우주의 질서 조직을 본다. 단호박을 가르면서 그 안의 씨알들과 그물망들로 지어진 집들을 보며 자연의 질서와 몸 조직을 본다. 통배추 하나를 소금에 절이면서 배춧잎 몸으로 구성된 배추 나라의 조직과 질서를 보았다.

새로운 한 해가 시작된 지 벌써 25일이 지나 한 달도 거의 다 지나가고 있구나. 내가 75년 동안 살아왔어도 대한민국이 이렇게 파괴되어 난장판이 되어서 살고 있는 질서 없는 처절한 꼴은 처음 보는 것 같아서 멍하다. 어떻게 수습이 되어 갈지는 모르겠지만 단 한가지, 내 눈에 보이는 것은 하나님의 눈으로 바라보면 쉽게 무질서 속에서 질서가 잡히겠지만 사람의 눈으로 바라보면 망할 수밖에 없다는 결론이다.

누가 이 일들을 해결할 것인가. 사람들 모두가 왕들이라 통치자 왕이 없는 세상인데 어찌 하나 될 수가 있겠는가. 이제는 왕들을 다스릴 수 있는 만왕의 왕이 등극하시도록 왕들이 조용히 귀를 기울이고 들어야 할 때가 왔나이다.

"하늘이여 들으라 땅이여 귀를 기울이라." 이사야 선지자를 통하여 여호와께서 말씀하시는 소리를 이스라엘 백성들이 들어야 하듯이 자유 대한민국의 정치인들, 기업인들, 종교인들 모두를 다 탈탈 털어서 마치 벌거벗은 임금님 보다 더한 벌거벗은 원숭이들이 다되어 털어놓은 털옷들로 온 세상이 난장판이 되어버린 이 나라, 자유 대한민국을 어떻게 청소

를 해야 할 것인지 몰라서 암담하여 백성들의 원성이 하늘을 찌르고 있나이다. 아버지여~

하늘에서 불 천사들을 내려보내셔서 하나씩 다 태워주세요. 그 동안은 시커먼 검은 연기가 무섭도록 하늘로 올라갔었던 세월 같지만 2021년부터는 무럭무럭 하얀 연기가 하늘을 향하여 올라가는 듯합니다.

아버지여, 성령 하나님께서 각 사람 속에 만왕의 왕으로 등극하셔서 통치하시는 메시야 나라. 그 나라의 질서가 세워지는 자유대한 민국의 건국이념이 다시는 흔들릴 수 없는 제2의 강건한 새로운 나라가 세워지도록 살리는 일을 하게 하소서! 하늘에 있는 태양과 달과 수많은 별들은 지금까지 충돌하지 않고 각자 자기 위치에서 이탈하지 않고 각각 자기들의 삶들을 잘 살아내고 있지 않습니까. 이것이 메시야 나라의 법의 질서인 생명의 나라가 아닐까 생각해 봅니다.

제일 먼저 개인이 되고, 다음 가정이 되고, 교회 안에서도 그리되어지고, 나아가 사회에서도, 모든 기관에서도 이 흐름 따라 저절로 그리되어 나라와 국가는 어려움 없이 되어 앞으로 나아가게 되는 원리가 적용되는 천상의 조직을 볼 수 있는 메시야의 나라가 되어 복음 수출국으로 어둠의 세계를 향하여 빛을 전달하는 빛의 나라 곧 자랑스러운 대한민국이 될 것이라고 나는 확실히 믿어진다.

할렐루야...

완성의 때를 바라보자

현 정부로부터 핍박과 박해가 더하여 갈수록 성도들의 신앙은 뜨거워지고 백성들의 애국심은 날이 갈수록 깊어지도록 성령의 불길이 타오르고 있다. 현 주사파 정부가 교회들과 백성들에게 허망한 권력으로 집권 행사를 하는 거짓과 술수가 다 드러났음에도 불구하고 오히려 권력을 강행하고 있는 것은 국민들로 하여금 목숨 걸고 하늘나라와 땅의 나라를 향한 애절한 사랑이 샘솟게 한다. 애국심이 불타오르도록 오히려 기름을 퍼부어 주고 있는 역할을 하고 있다.

그들은 하필이면 왜 코로나19를 이용하여 한국 교회를 건드리고 있는 것일까. 대한민국을 사랑하시는 하나님 마음의 그 크신 뜻을 눈치챈 사람들은 두려워하지 않는다. 사도행전을 읽어가면서 두 무릎을 치고 감사했습니다. 만물을 준비해 놓으시고 작업을 하시는 주인의 일들이 망가지지 아니하도록 성령의 일하심에 차례를 기다리고 있어야 하리라.

이와 같이 깨어있어 주인의 손에 들렸다, 놓였다 하며 쓰이는 때를 조용히 기다리자. 애국 성도들과 애국 백성들이 되기까지 개인의 영혼들을 양육하여 온전하게 되는 자들을 연장들로 목공소에 이제 하나씩 다 모아 제자리에 놓고서 목수는 무엇인가 큰 작품을 만드시려고 서서 계십니다. 순서대로 자기가 자기 된 존재들의 이름을 불러내어 당신 손으로 위대한 작품을 만들어 갈 것입니다.

연장(톱, 칼, 대패, 나사, 못)들이 된 우리는 그분이 쓰시려고 세상에서 성령의 불로 연단한 은과 금 같은 존재들입니다. 다 목공소에 들여놓았으니 그 자리를 떠나지 말고 질서 있게 자기의 시간을 기다리면 될 것이라고 믿고 기다립시다. 손에 들고 쓰시는 연장 도구들로서 하나로 모여 있으니 그분이 들었다 놓았다 하시며 우리를 쓰시니 그때 그때들을 조용히 기다리고 있으면 완성을 이루십니다. 미완성 중에 머물지 않으시도록 삼위일체 하나님의 설계도가 그려있는 성경책 속에 기록되어 있는 첫 줄의 암호. "창세기 1장; 1절" 말씀의 나라, "요한계시록 21장 10절" 거룩한 성 예루살렘. 이러한 말씀의 나라가 세워질 때까지 '마라나타' 기다리며 사는 것이 축복이라고 나는 믿는다.

코로나도 일꾼이라

어느 곳에서도, 그 무엇에도 잡힐 듯 잡힐 듯 하면서도 잡히지 않고, 메일 듯 메일 듯 하면서도 메여지지 않아 자유롭게 날아온 세월에 감사한다. 코로나19로 인하여 달빛 아래 온 세상이 죽은 여인의 창백한 얼굴 같아서 안쓰럽지만 이제는 정부가 모든 국민이 자유롭고 열심히 힘차게 살아가도록 묶지 말았으면 좋겠다.

일 년 동안에 유튜브 속에서 반복되는 '시소' 게임의 전쟁과 평화를 날마다 보았네. 사상과 종교와 정치와 이념의 광란의 전쟁을 통하여 코로나 '도릿 깨'를 들고 타작마당에 서 있는 의미심장한 농부의 얼굴을 보며 햇빛보다 더 밝은 곳 내 집 있네, 햇빛보다 더 밝은 곳 내 집 있네. 푸른 하늘 저편. 나는 이 아침에 나의 손끝으로 노래했던 잠언 "늙은 호박" 한 덩이 속에 숨겨진 하늘의 비밀을 또다시 비유와 비사들로 곱씹어 보며 기쁨을 누린다.

"결국에는 생명이다."라는 책 187page를 찾아보았다. 복음이 하는 일에 대한 신비를 보며 감탄을 한다. 호박씨 한 알의 작품을 '브레페테'하자고 했던 그 늙은 호박덩이 속에는 이미 완전한 조직이 있는 세계를 '호라오' 하라고, 그리고 그 호박처럼 심비의 성경들이 되어진 우리들은 자신들 그 속의 나라를 보며 성령으로 기뻐하는 지금, 여전히 감탄을 하지 않을 수가 없도다.

전쟁과 평화를 보며 자유를 쟁취하기 위해 싸우고 있는 참 전쟁의 패

배의 아픔과 그 승리의 기쁨을 언제까지 반복하고 있으려나. 밖에는 지금 눈 내리는 추운 겨울이지만 안에서는 씨알 야물어 가고 있는 늦은 가을 이런가...

나는 기독교를 사랑한다

하늘의 구름 한 조각을 바라보아도 님을 그리워하며 어둠이 깊어갈수록 더욱 명랑해지는 하늘의 별들을 바라보며 언제쯤 가서야 내 형제의 얼굴들을 친히 만나게 될꼬! 하며 감정 어린 소녀처럼 날마다 내 영혼이 아버지 하나님의 그 넓은 품(사랑과 자유생명과 거룩과 평강과 초월)을 그리워하며 때마다 초마다 마음껏 그 사랑 찾아 누리며 자유 대한민국 땅에서 태어나 75년 세월을 나비처럼 날며 살아왔다. 하지만 코로나19 때문에 "기독교"를 지목하여 말살시키려는 현 정부의 공권력을 보게 되고 애국하는 목사와 그 교회를 죽이려고 하는 사단의 역사를 보며 현 정부 집권자들과 기회주의자들의 지도자들을 보면서 "코로나는 코로나지 왜?" 정치에다가 이용하는지 하며 분노의 불길이 솟구친다.

애국하는 목회자들과 애국 성도들을 죽이려고 코로나19를 처음에는 교주 이만희와 신천지 집단을 정치 목적으로 이용하더니만 이제는 애국 목사 전광훈 부흥사와 잘 훈련된 애국 성도들이 모이는 사랑교회를 죽이고 말살시키려 하는지, 자기네들도 애국하겠다고 박근혜 대통령을 마귀 사냥하고 촛불집회로 집권하게 된 정부라는 사실을 나는 이제 알게 되었다. 그리되었으면 정치를 더 잘해서 국민을 잘 살도록 해야지 이게 뭐란 말인가.

내가 태어난 못자리는 "황해도 해주"라는 땅이요, 33살에 나의 영이 태어난 못자리는 서울시 구로구에 있는 침례교회이다. 그런고로 나는 내가 태어난 장소 영과 육의 고향을 사랑하기에 잊어버릴 수 없다. 저절로 그리된다. 교회를 떠나 26년 디아스포라로 외로운 나그네 삶을 살아온 나는 나와 같은 그리스도인들을 만나고 싶어 했는데 지난해 2019년 12월 6일 광화문 광장에 나갔다가 그곳에서 영과 육으로 동시에 애국하고 있는 교회들을 유튜브로 보게 되어 코로나가 지나가면 인천지역에 있는 애국할 줄 아는 교회를 나가려고 찾고 있다. 기회주의 정치꾼들, 경제꾼들, 종교꾼들이 모여있지 않은 기독교 곧 복음적인 그리스도인들이 되게 하는 영으로 살리는 교회를 찾아서 신앙의 삶을 함께 하루라도 살아보다가 이 세상을 떠나가리라. 사회주의, 공산주의는 절대 반대한다.

다시 태어났습니다

대한민국, 나는 오늘 지금, 대한민국에 다시 태어났습니다.

이 땅에 75년 전에 태어나 75년 동안을 한 번도 국가의식도 없이 살았으면서도 전혀 죄의식을 가져본 적이 없었던 그런 바보였습니다.

하늘나라, 내 영혼이 하나님의 말씀씨로 다시 거듭 태어나 하늘나라를 향하여 살아왔던 42년 세월 동안에도 내 영혼은 무죄의식, 유죄의식을 별로 갖지 아니하고 복음 안에서 영과 생명을 좇아 그 하나의 목적지를 향하여 끊임없이 은혜로 살아왔지요. 그러나, 이제야 대한민국의 사정을 조금이라도 알게 되었고 또한 하늘들의 나라를 자세히 살펴보아 알게 되었습니다.

오늘 이 시간 나는 대한민국인 이 땅에서 의식의 몸으로 다시 태어납니다. 왜냐구요? 내 삶의 중심지는 대한민국이었으니까요.

인간 나라 중심은 지구이듯이 내 영혼의 중심은 세상을 한평생 돌고 돌아보아도 또한 날개를 활짝 펴고 우주를 날고 날아 높이 올라가 보았을지라도 내 영혼의 배꼽은 나였고 내가 속한 이 세상 나라는 대한민국이었습니다. 요사이 8개월 동안에 유튜브 세상 안에서 복음적 실체들의 삶의 사실들이 영과 생명으로 내게 명백하게 드러나 보게 되었지요.

이렇게까지 부패하고 썩어 뿌리까지 뽑힐 위기의 직전에 놓여있어 사라져 없어질 줄도 모르는 이 나라가 왜 내가 다시 돌아갈 나라로 새 예루살렘 땅이 되리라는 언어로 들려오는지를 알게 되었으므로 나는 이 땅에 다시 태어나 새 시대 대한민국을 사랑하지 않을 수가 없게 되었습니다.

앞으로 나는 나의 혼과 정신이 살아갈 천년왕국이 되어 하나님께 드려질 하늘들의 나라 중의 하나의 개체로서 사랑과 자유와 생명과 거룩의 상태로 세워가는 존재로서 이 나라 이 대한민국을 사랑합니다. 은혜로만 75년 살아온 이 나라에 빚진 자의 마음으로 살렵니다.

나라가 받혀질 때까지

하늘과 땅, 하나님과 사람, 천국과 지옥, 생명과 사망, 죽음과 삶은 영원한 평행선, 이 땅이 전쟁을 통하여 대한민국이라는 이름으로 세워진지 70년이 되었으나 북한과 남한으로 나누어져 마치 성서에서 선악의 세상을 그려놓아 그리 살 수밖에 없었던 것처럼 둘로 쪼개진 나라가 하나의 통일을 꿈꾸면서도 늘 전쟁을 준비하며 살아오지 않았는가.

북한은 무력으로 남한은 사랑으로 북한은 공산주의로 남침을 꿈꾸며 남한은 자유주의로 부귀를 꿈꾸며 북한은 사상과 핵으로 통일을, 남한은 사랑과 물질로 평화 통일을 이루겠다고 달려왔지만 불가능한 일이라는 사실이 변명할 수 없도록 이제는 양쪽 두 나라가 다 드러났다.

하나로 되는 길은 선악 세계 안에서는 도저히 불가능하다는 사실을 숨길 수가 없게 되어있다. 내가 길이요, 진리요, 생명이니 나로 말미암지 않고는 갈 길이 없다는 말씀으로 다 내게로 오라 그리하면 쉼을 얻어 평화로 하나 될 것이다. 라고 말씀하신 하늘과 땅의 중보자 "예수 그리스도" 이분 안으로 들어가 그의 아버지 하나님 나라 안에서 불어오는 바람으로 뼛속과 골수까지 성령의 기름으로 채워야 하늘들의 나라가 되어 받혀질 때가 되므로 천국의 땅이 될 것이다.

하늘나라 백성들 곧 하늘들의 나라인 진리의 사람들로 거짓과 허탄을 몰아내고 사단과 적그리스도를 물리치고 오직 참과 선과 진실만으로 채워지도록 영적 전쟁을 하여 자유민주 국가로 통일되어 전쟁이 종식되고 참 평화 곧 예수그리스도의 나라 복음의 나라가 되어 세계 선진국으로 드러날 때까지 반드시 싸워내야만 볼 수 있게 되는 날이 오게 될 것이다

나는 개인 한 사람 안에서도 두 나라를 처절하게 싸우며 살아왔기에 전쟁이 어떻게 해야 철저하게 종식되어 진다는 것을 경험하여 알게 되었고 나의 가족 안에서도 마찬가지로 그러하다는 사실을 또한 철저히 경험하고 알게 되었고 교회는 이미 말할 것도 없다는 것을 90년도에 체험하였기에 나라와 세계까지는 더 말할 것이 없으리라 알고 관심 밖으로 던지고 눈감고 떠나서 나 개인 영혼 하나에만 관심 가지고 살아왔다. 요즈음 와서 유튜브를 통하여 공부를 하다 보니 이제 새롭게 이 세상을 향하여 눈을 열어놓고 열심히 살기로 했으나 나의 이 육신의 젊음은 다 지나가고 오직 마음과 생각만이 청춘의 애국심으로 돌아가 대한민국 내 나라를 향한 애국의 눈이 떠지게 되었으니 어찌하겠나.

오호라, 이 곤고하고 어리석은자여! 이 마음과 정신만으로라도 살아있어 이렇게 손끝으로 소리쳐 외쳐보자. 오직 하나 되어 살길은 이것 하나뿐 "오직 예수 그리스도의 길" "영원한 생명의 복음 안에서 청춘으로 살아가는 길 뿐이다."라고...

복음의 수출국

바람은 몸이 없어도 수만 가지 못하는 일이 없네. 성령은 바람 같아서 천 가지, 만 가지 못하는 일이 없었구나! 사람의 마음속 깊은 곳으로 들어와 바다를 대청소하는 몸으로 생각을 부수고 이념과 사상을 불태우는 바람이었던 것 같다.

"바람이 불어오기를 기다린다."라는 책을 만들어 놓은 지 6년이 흘러갔는데 그 노래들은 모두가 다 내 영혼의 세계 속에 우뚝 솟아난 바위 섬 하나를 온전히 세우기 위한 죽음과 삶의 노래를 부르게 했던 바람의 입술이었던 것 같기도 하다.

사람의 육신의 눈과 사람 마음의 눈으로 볼 수 없는 창조자 하나님의 몸 곧 "성령"이 성령의 바람이 불어오면 아무리 튼튼하게 세운 성과 궁궐이라도 부수고 불태워 흔적도 없게 하는 역사를 볼 수 있으리라.

개인이나, 가정이나, 사회나, 국가나, 세계나 이제는 그 모두를 하나의 나라들로 바라보면 어떻게 내가 살아가야 하는지를 조금은 알 것 같다. 6년 흘러 지나온 날들의 삶을 바람의 손으로 기록해 두었던 영혼의 노래들을 또다시 바람에게 옷을 입혀서 공중으로 날려 보내야 하지 않을까 싶어진다.

잠 못 이루는 날들이 계속된 지 몇 달인지 모르지만 오히려 더 좋다. 깊은 밤하늘에서 빛나고 있는 맑고 밝은 작은 별 중 하나같아서, 요즈음에는 내 육체가 살아온 대한민국에 대하여 마음이 쏠린다. 나 하나와 내

가족 식구들에 대하여만 마음을 쏟고 살아왔는데 유튜브를 통하여 애국심이 생겨나서 좋은 글들과 대한민국의 역사 기록에 대하여 배우고 있다.

늦은 나이에 돈 들이지 않아도 열기만 하면 많은 것을 배울 수 있는 유튜브가 있어서 참 좋다. 고맙다. 나는 괴롭고 슬퍼서도 울지만 기쁘고 좋아서도 운다. 대한민국 우리나라 안에서 지금 일어나고 있는 현장의 일들을 보고 함께 하면서 공중에서 내리는 눈송이들처럼 나의 눈이 바람의 눈이 되어 눈물방울을 휘날리며 함께 내렸다.

광화문 광야교회의 예배현장을 시청하면서 어서어서 살기 좋은 자유의 나라로 자유민주주의와 자유시장 경제를 이룰 수 있는 하나님의 사랑과 자유와 거룩 안에서 하늘의 질서가 이 땅에 세워져 잘살 수 있도록 제자리들을 찾아가는 모든 지도자와 백성들이 되기를 현재 불고 있는 바람의 마음을 느낄 수 있는 예민한 감각을 갖춘 사람다운 사람들이 많아지기를 소원해 본다. 하나님의 섭리와 경륜을 이루는 대한민국이 되어 복음을 수출하는 선진국으로 세워지면 좋겠다.

징조와 모형

맑고 푸른 하늘과 무거운 회색 하늘 그리고 뭉게구름, 새털구름 떠다니는 맑고 밝은 태양 아래에서 거센 바람과 뜨거운 열기로 자라나 그 바람에 흔들거리는 저 갈대밭은 누구의 것일까요?

나는 오늘 대한민국 서울의 중심 한 가운데서 하늘나라의 청사진을 본 것 같아요. 12월 8일 이렇게 추운 날. 차가운 콘크리트 바닥에서 꼼짝들 하지 아니하고 앉아서 신의 바람 소리에 귀 기울이며 영혼의 자유의 물결 바람에 흔들거리는 사람 갈대밭을 보며 하늘나라의 아름답고도 경이로운 영광의 신비의 빛을 보았나이다.

새 하늘과 새 땅의 새 백성들이 예수와 함께 이 땅에 다시 내려와 살고 있는 것만 같은 미래의 현실을 미리 보았나이다. 죽음도, 삶도 초월한 하늘 백성들, 곧 성경을 이루고자 하신 하나님의 뜻과 의지와 견해로 함께 더불어 노래하고 있는 모든 영혼의 사람들.

세상 교회에서 탈출 해 나온 마지막 저 광야교회. 도심 속에서 광야 안에 외치는 자의 소리를 듣고 있는 갈대와 같은 사람들 속에서 저 소리를 듣고 회개의 역사가 일어나는 참사람 갈대밭을 보며 나는 육체의 온몸에서 찬 바람이 나와 손이 얼고 발 시려 견디지 못하고 집으로 돌아왔지만 내 정신과 가슴속 안에서는 복음에서 흘러나오는 그 빛으로 살고자 하는 그 생명력과 그 사랑의 힘은 나로 하여금 자유와 거룩과 초월로 영혼의 삶의 길에서 다른 길로 빗나가지 않도록 이들의 삶의 지표와 용기에 새 힘을 마음에 전달받고 밤새도록 묵상하며 찬양하며 단잠 자고 깨어 일어나 이렇게 한자 적어놓고 밝아오는 새 아침을 맞이해 본다. 감사하고 또한 감사한다.

말하고 싶어요

가슴속은 피눈물로 바다를 이루고 목구멍은 포도청이라!

똥물을 토해내도 신음소리 조차 낼 수 없는 연약한 성직자들의 그 슬픔. 애끓는 그 고통을 누군들 알 수 있으리오! 광화문 노숙자들에게는 기도하는 무릎이 겨울 추위에 마비되어 가고 있고 함께 할 수 없는 영혼의 성직자들의 가슴은 진정으로 심장마비가 되어 숨을 고르게 쉬지 못하고 헉헉대고 있는데 이리 보아도 아픔이요, 저리 보아도 아픔이네요.

심비의 성경은 말씀하네. 내 집은 청와대도 아니요, 교회도 아니요, 오직 내 영을 받은 너희 뿐이라고. 청와대와 광화문 광장 사이의 문지방이 왜 그리도 높을까? 그 턱을 제거하고 백성들과 호흡을 같이하고 함께 울고 웃는 평민 대통령을 꿈꾸던 자가 어쩌다 저 높은 하늘보다 더 높은 보좌 위에 올라앉아 거짓 권세로 이 나라를 이끌고 가려고 하는가!

한발만 내려오면 광화문 광장의 바닥에서 얼어가고 있는 백성들의 무릎들이 보일 것이요, 심장마비가 일어나 곧 숨을 쉴 수 없어 죽어갈 연약한 성직자들의 굳어진 입술들이 보일 것인데 세상 권좌와 영광의 자리가 무엇이관데 오늘도 그 자리에 앉아 내려 오지 아니하려는 걸까.

곧 땅으로 내려와 백성들의 처절한 눈물 속에서 청와대의 웃음을 보십시오. 그리고 세상 권좌 속에서 백성과 왕 자신의 진정한 울음을 보시라고 말하고 싶습니다. 미래의 현실이 대한민국 안에서 사실로 지금 이루어져 있음을 온 세상 만민이 보고 있음을 나 같은 자도 보겠나이다.

온 세계의 중심이 어디요, 국가와 나라의 중심이 어디요, 가정의 중심이 어디요, 나의 중심이 어디요, 하나님은 말씀하십니다. 내 집은 청와대도 아니요, 교회도 아니요, 문턱이 없는 오직 너희뿐이라고. 아멘~

되어질 나라를 향하여

흥얼흥얼 복음song의 곡조가 마음에서 흐른다. "내가 가는 이 길은~, '유리바다'와 같습니다." 야곱이 아버지 집을 떠나서 제단 쌓는 곳마다 그곳이 엘벧엘 이었고 전능하신 하나님의 집이었음을 창세기 35장에서 봅니다. 그리고 창35; 11절에서 "나는 전능한 하나님이라 생육하며 번성하라. 한 백성과 백성들의 총회가 네게서 나오고 왕들이 네 허리에서 나오리라"라고 약속하신 말씀과 "내가 아브라함과 이삭에게 준 땅을 네게 주고 내가 내 후손에게도 그 땅을 주리라" 말씀하시던 곳인 벧엘에서 이제부터는 야곱이 아닌 새로운 이름을 받고 이스라엘이 되었어도 여전히 한곳에 머물러 있지 아니하고 새로운 길을 향하여 떠나간다.

옛적에 선지자들 안에서 조상들에게 말씀하시던 그 하나님이 오늘날에는 아들 안에서 우리에게 말씀하시는 하나님으로 우리에게 나타남을 봅니다. 구약의 하나님이 아브라함과 이삭과 야곱과 요셉의 하나님인 것을 볼 수 있게 하셨듯이 신약에서도 예수그리스도의 족보에 기록된 자들의 하나님을 보게 하셨으며 더 나아가 구약과 신약을 지나 마지막 요한계시록 시대인 계시 시대에 이른 지금, 온 세계가 혼란스럽습니다.

현대판 아브라함과 이삭과 야곱과 요셉의 하나님을 만난 사람들이 하늘의 별처럼 그리고 바다의 모래알처럼 너무 많아서 말이지요. 하나님의 아들들이 나타나서 참과 거짓을 분별하게 하여 주시는 사랑과 공의의 아버지 하나님께서 삼위일체 하나님이신 성령 하나님으로 우리 안에 오셔서 지금도 우리(나)를 성전 삼아 살아가고 계십니다.

　네가 나의 성전이요. 살아있는 나의 집이라고! 네가 어디를 가든지, 네가 무엇을 하든지 너는 내 것이라고! 유령들이 춤을 추는 것 같은 이 시대에 정신 차리고 깨어있어 나의 선입견과 편견과 합리화를 버리고 내가 가야 할 곳을 주목하고 바라보며 지금까지 살아온 것같이 그 길을 따라서 나의 나 됨에 머물지 말고 되어질 나를 바라보며 매일 순간마다 다시 오시고 계시는 보혜사 성령님을 구하고 바라며 기다리는 삶에서 새 하늘과 새 땅을 향하여 "주 예수여 오시옵소서"하라. "나이, 에루코마이 타쿠, 아멘, 나이,에루쿠, 큐리에 예수."

나비의 꿈에서 깨어나다

절대의 영원 세계 안으로의 발사 준비를 확인하라.
목적지 확인, 나침판 확인, 전신갑주 확인

절대의 사랑 세계 안에는 사랑도 없고 미움도 없다
모든 사랑도 모든 미움도 그치고 모든 시시비비와 분노가 잠 잔다.

절대의 생명 세계 안에는 거짓도 없고 진실도 없다.
모든 거짓도 모든 진실도 그치고 모든 시시비비와 분노가 잠 잔다.

절대의 자유 세계 안에는 전쟁도 없고 평화도 없다.
모든 전쟁도 모든 평화도 그치고 모든 시시비비와 분노가 잠 잔다.

절대의 초월 세계 안에는 의식도 무의식도 없다.
모든 사업도 모든 사랑도 그치고 모든 시시비비와 분노가 잠 잔다.

절대 사랑이 오면 사랑하고 사랑하게 될 것이리라.
절대 평화가 오면 평화하고 평화하게 될 것이리라.
절대 믿음이 오면 믿게되고 믿어지게 될 것이리라.
절대 자유가 오면 자유하고 자유하게 될 것이리라.

상태속으로 (창세기 1장 2~3절)

백의의 민족. "자유 민주주의 대한민국"

흑암 속에 피어있는 빛의 꽃, 지옥 속에 피어있는 천국의 꽃

우리나라는 본래가 지금의 이러한 나라가 아니었을 터인데요. 눈이 없어도 볼 수 있고, 손이 없어도 일할 수 있고, 발이 없어도 걸을 수 있는 법을 가르쳐 주신 내 아버지시여!

내 나라가 6.25 보다 더한 난리인 것 같아요. 이 나라가 백의의 민족이 아니었나요? 아버지~

이 나라의 임하여있는 이 환란과 고통은 새 시대를 열어가기 위하여 흘리는 붉은 피가 아니고 하얀 피라고 하시오니 넉넉히 기다릴 수 있습니다. 붉은 피를 흘리던 시대는 일제 식민지 독립운동 때 흘린 피요, 하얀 피를 흘리는 지금의 내란전쟁은 복음 통일을 위하여 흘리고 있는 대한민국의 남북전쟁이니라. 아멘.

붉은 피와 하얀 피에 대하여 묻는 자가 있다면 답해줄 수 있어요. 나 한 사람 안에서와 또 4식구가 모여 살았던 한가정 안에서와 지금은 13식구가 되어서 살아가는 3가정을 통하여 예를 들어 얼마든지 붉은 피와 하얀 피에 대하여 설명을 해줄 수 있어요.

지금의 내란전쟁 속에서도 일하고 계시는 삼위일체 하나님의 손길을 바라보면 되어요.

백의민족 대한민국이여! 일어나 빛을 발하라!

캄캄한 어둠 속에서 피어나고 있는 하얀 꽃 한 송이를 바라보라. 지옥에서 피어나는 천국은 극락이라 하지만 백의의 천사들 안에서 피어나는 천국은 영원한 천국이라 불리 울 것이라네.

일어나라! 대한의 아들 딸아, 붉은 피와 하얀 피들을 더이상 흘리지 말고 복음 통일을 위하여 사랑을 배우며 익힐 수 있는 십자가의 비밀 속으로 들어가자.

절대 거룩이 오면 거룩하고 거룩하게 될 것이리라.

모든 시시비비와 분노들이 영원히 잠들어 버리고

절대 영원세계 안에서의 존재들의 삶이 시작 될테니까!...

경고하심

금지명령

1. 하나님(나)을 죽이지 마라

(더이상은 하나님을 소유하고 살아가고 있는 거룩한 내 백성들을 죽이거나 가두지 말라.)

2. 거짓말을 하지 마라

(더이상은 선한 백성들을 속이려 들지 말라. 그들도 내가 창조했느니라.)

3. 사업계획을 멈추라.

(더이상은 악한 일이든 선한 일이든 만들려고 하지 마라.)

4. 양심이 살아있는 가난한 백성들과 선한 사람들과 배우지 못해 무식한 사람들을 더이상은 이용하지 말라.

오늘날까지 내가 잠잠히 기다려 온 것은 이 세상을 사랑하고 있기 때문이요, 내가 너희와 약속한 언약을 이루기 위함이었노라. 저 이스라엘이라는 한나라를 택하사 구전으로 내려오던 이야기와 글들로 성경의 역사를 기록하여 온 세상으로 알리게 했던 것처럼 "대한민국"이라는 나라를 택하사 (종교심이 탁월하고 양심이 깨끗했던) "제2의 이스라엘" 이 되도록 성경을 통해 성경적인 삶을 살도록 하게 하여 결국에는 하나님(그리스도)의 마음을 소유하여 하나님(그리스도)의 뜻을 전파하고 성경을 이루기 위함이라는 약속의 말씀을 성취하려 함이니 이제는 더이상 이를 위해 삶을 살고 있는 내 백성들을 괴롭히지 말라. 온 세상을 향한 복음의 본이 되기 위하여 내가 눈물로 기다렸느니라. 내가 창조한 세계가 더이상 망하여 가는 것을 기다릴 수 없어서 제2의 이스라엘 "대한민국"의 백성들을 주목하사 사랑하여 "복음의 수출국"으로 일하게 하여 세계 만민에게 알려지도록 끊임없는 내란전쟁을 통하여 부상시켜 결국에는 영적 전쟁의 비밀을 속속들이 다 드러낼 때까지 기다려 내 백성인 너희들은 분별하여 선택하여 삶을 살라고 그리하였느니라.

"하나님(나)의 하시는 일과 사탄(저)의 하는 일"을 자세히 뚫어지게 바라보라.

개인이나, 가정이나, 교회나, 나라들이나, 모두가 내적 전쟁에서 거룩의 영으로 이기지 않으면 모두가 다 망할 수밖에 없어 "어둠 속으로 스스로 사라질 수밖에 없게 된다는 이 사실을 알리기 위함이니라." 대한민국이여 너희들은 내게 크게 부르짖으라. 나는 귀머거리도 아니요, 벙어리도 아니요, 장님도 아니니라. 나는 다 듣고 있고 다 보고 있고 다 알고 있느니라. 그럼에도 불구하고 너희들은 내게 입을 크게 벌려 부르짖으라 함은 내가 약속했던 말들을 다 이루어 온 세계가 다 알도록 알리기 위하여 너희들을 택하고 사랑하였노라~ ~ ~

살아계신 아버지 하나님 결국 복음 통일을 위함이었네요.

~ 내가 너희를 축복하노라 ~ 동방의 해뜨는 의인의 나라로!.아멘~

아멘 할매가 되었나이다.

묻는자들이 있다면

대한민국의 현실에서 두 나라의 왕들과 백성들이 살고 있는 모습을 보며 어떻게 사는 것이 이 땅에 사는 동안 사람으로서의 본분과 의무를 다하는 것일까를 생각해보지 않을 수 없다.

왜냐하면 첫째는 사람은 사람의 육신이 고향인 흙으로 돌아갈 때 안식이고 평안이 되는 것을 알기 때문이고 둘째는 사람이 사람답게 살아질 때 평안과 안식이 주어지기 때문이다.

그 근본 원인은 육체에 있는 영과 혼이 영원히 사는 것이기 때문이라는 사실을 믿을 수밖에 없는 존재가 되어있기 때문에 나는 오늘, 지금 살고 있는 현재의 이 삶을 귀하게 여겨 하루의 순간들을 영원한 내 나라 본향을 향하여 한 걸음씩 걸어가고 있는 삶을 귀하게 여기지 않을 수가 없다.

하늘의 氣와 땅의 氣싸움, 나는 마음 안에서와 내 가정 식구들 속에서 이 세상 나라를 경험하며 어리석은 삶 50년을 살아왔다.

사람은 누구든지 자기 권력을 빼앗기지 않으려고 수단과 방법을 가리지 않고 자기성공을 위해 살아가고 있지만 누구나 이세상 신에게 속으며 산다는 사실을 모르기 때문이라는 근본 원인을 알아야 한다.

거짓과 허탄을 위하여 술수를 부리는 광명의 천사로 가장한 거짓의 아비인 사단과 그의 일군들이 세운 나라라는 사실을 잊지 말고 그리스도로 이김의 삶을 살아야 하리라. 이 사실을 삶의 현장에서 경험하여 알게 되었으니 힘들었지만 참으로 감사한다.

빵점짜리 인생에서 백 점짜리 인생의 가치관으로 세움 받는다는 사실
은 그 무엇으로도 이룰 수 없고 살 수도 없는 오직 성령 하나님으로만 될
수 있는 일이라는 사실을 믿어지게 된 나는 이제 입을 열어 말할 수 있으
리라.

당신은 하나님의 이름이 무엇이냐? 고 묻는 자들이 내게 나타난다면
나는 말해줄 수 있을 것 같은데. 내가 경험한 영역 안에서 모든 것을 다
줄 수 있을 것 같은데.

"성령과 다른영에 대하여"

"참과 거짓에 대하여"

"의와 불의에 대하여"

"죄와, 의와, 심판에 대하여"

"사망과 생명에 대하여"

"저희와 너희에 대하여"

삶의 현장에서 경험한 만큼만은 성령으로 지어져 온 사람으로서 일할
수 있는 기회가 얼마나 남아 있을지는 모르겠지만 여자로서, 가정주부로
서 살아온 인생의 지금을 통하여 영생자의 삶을 말해 줄 수 있는 때가 열
리기를 기다린다.

"빛의 나라로"

이 시끄러운 세상 속히 눈감고 떠나고 싶은 세상, 볼거리가 너무 많아 정신이 없네. 미쳐 돌아가는 세상, 서로가 신뢰할 수 없는 세상, 각자 모두가 왕이요, 의인이니 백성들은 하나도 없고, 죄인들도 하나도 없구나. 이러하니 서로가 믿고 살아갈 수 없는 세상이 되어 버렸으니 하나님이라는 분이 이 땅에 다시 내려와 통치하려 해도 믿고 따를 사람 하나도 없을 것이라.

어찌하다 이런 세상이 되었을까. 물 좋고, 공기 좋고, 인심 좋아 배고파도 사람 사는 것 같은 인정 많고 욕심 없었던 나라. 선량한 백성들이 사는 나라, 지금은 그 어디에서도 찾아볼 수 없어라.

"에피두미아와 파데마타 "

사람 속에 있는 욕심과 정욕으로 만신창이가 되버린 사람들처럼 그 욕심과 정욕 덩어리가 사람이 되어버린 괴물 사람들 때문에 엉망진창이 되어버린 대한민국. 누가 치료할 수가 있을꼬.

불어라 불어라. 사방 바람아! 쓸어라 쓸어라. 하늘 빗자루야, 오천년 역사에 빛나고 있는 얼(蘖)들이여, 다시 살아서 내려오라. 바람과 함께 오라 양손에 빗자루와 삽들을 들고 오라. 괴물들이 내질러 쌓아놓은 산처럼 쌓여있는 정치 쓰레기와 산업 오물과 종교 똥들을 치워 줄 바람 천사들로 내려오라.

자를 것은 자르고 말릴 것은 말리고, 태울 것은 태우고 그리하여 오천
년 역사에 흐르고 있는 생명의 氣을 살리어 영원무궁토록 빛을 발하는
대한민국이 되게 하소서...

※ 우리가 전한 것을 누가 믿었느냐 여호와의 팔이 누구에게 나타났느냐.

※ 그는 주 앞에서 자라나기를 연한 순 같고 마른 땅에서 나온 뿌리 같아서 고운 모양도 없고 풍채도 없은즉 우리가 보기에 흠모할 만한 아름다운 것이 없도다.

※ 그는 멸시를 받아 사람들에게 버림 받았으며 간고를 많이 겪었으며 질고를 아는 자라 마치 사람들이 그에게서 얼굴을 가리는 것같이 멸시를 당하였고 우리도 그를 귀히 여기지 아니하였도다.

※ 그는 실로 우리의 질고를 지고 우리의 슬픔을 당하였거늘 우리는 생각하기를 그는 징벌을 받아 하나님께 맞으며 고난을 당한다 하였노라.

※ 그가 찔림은 우리의 허물 때문이요 그가 상함은 우리의 죄악 때문이라 그가 징계를 받으므로 우리는 평화를 누리고 그가 채찍에 맞으므로 우리는 나음을 받았도다.

※ 우리는 다 양 같아서 그릇 행하여 각기 제 길로 갔거늘 여호와께서는 우리 모두의 죄악을 그에게 담당시키셨도다.

※ 그가 곤욕을 당하여 괴로울 때에도 그의 입을 열지 아니하였음이여 마치 도수장으로 끌려 가는 어린 양과 털 깎는 자 앞에서 잠잠한 양 같이 그의 입을 열지 아니하였도다.

※ 그는 곤욕과 심문을 당하고 끌려 갔으나 그세대 중에 누가 생각하기를 그가 살아 있는 자들의 땅에서 끊어짐은 마땅히 형벌 받을 내 백성의 허물 때문이라 하였으리요.

※ 그는 강포를 행하지 아니하였고 그의 입에 거짓이 없었으나 그의 무덤이 악인들과 함께 있었으며 그가 죽은 후에 부자와 함께 있었도다.

※ 여호와께서 그에게 상함을 받게 하시기를 원하사 질고를 당하게 하셨은즉 그의 영혼을 속건제물로 드리기에 이르면 그가 씨를 보게 되며 그의 날은 길 것이요 또 그의 손으로 여호와께서 기뻐하시는 뜻을 성취하리로다.

※ 그가 자기 영혼의 수고한 것을 보고 만족하게 여길 것이라 나의 의로운 종이 자기 지식으로 많은 사람을 의롭게 하며 또 그들의 죄악을 친히 담당하리로다.

※ 그러므로 내가 그에게 존귀한 자와 함께 몫을 받게 하며 강한 자와 함께 탈취한 것을 나누게 하리니 이는 그가 자기 영혼을 버려 사망에 이르게 하며 범죄자 중 하나로 헤아림을 받았음이니라 그러나 그가 많은 사람의 죄를 담당하며 범죄자를 위하여 기도하였느니라.

이사야 53:1~12